はじめてでも かんたん、 かわいい！

UVレジン
アクセサリー事典 140

Tink create 編

西東社

CONTENTS

- UVレジンってこんなもの！ …… 8
- UVレジンの基本の道具 …… 10
- UVレジンの基本テクニック …… 12
  - 着色する／着色料の使い方 …… 12
  - 封入する／封入パーツの入れ方 …… 18
- アクセサリーへの仕上げ方 …… 22

Part 1 タイプ別レジンアクセサリー

型どり

1粒ジュエルの
ネックレス
作品 30／作り方 32

マーブルジュエルの
ブレスレット
作品 30／作り方 33

たっぷりラメ＆
ホロピアス
作品 31／作り方 35

ダイヤカットの
大粒ピアス
作品 31／作り方 35

揺れる羽根の
ピアス
作品 31／作り方 36

アンティークフラワーの
リング
作品 31／作り方 37

コーティング

リボンコーティング
ピアス
作品 38／作り方 40

ハートシール
ピアス
作品 38／作り方 41

ドライフラワーの
立体ブローチ
作品 38／作り方 42

押し花の
カラフルピアス
作品 38／作り方 43

ビスケットの
バッグチャーム＆リング
作品 39／作り方 44

アニマル
フォトピアス
作品 39／作り方 45

セッティング

ピアノチャームの
ドット柄ピアス
作品 46／作り方 48

デザインフィルムの
ブレスレット
作品 46／作り方 49

時空クジラの
懐中時計キーホルダー
作品 47／作り方 50

背景デコの
キッチュブローチ
作品 47／作り方 51

フレーム

スペードフレームの
キーホルダー
作品 52／作り方 53

トナカイフレームの
ネックレス
作品 52／作り方 54

01〜05 誕生石のネックレス

4月
ダイヤモンド
作品 56／作り方 58

12月
ターコイズ
作品 57／作り方 58

6月
パール
作品 56／作り方 59

8月
ペリドット
作品 56／作り方 60

10月
オパール
作品 57／作り方 60

1月
ガーネット
作品 57／作り方 61

7月
ルビー
作品 56／作り方 61

3月
アクアマリン
作品 57／作り方 62

2月
アメジスト
作品 57／作り方 63

11月
トパーズ
作品 57／作り方 63

5月
エメラルド
作品 56／作り方 63

9月
サファイア
作品 56／作り方 63

06 型どり

いろいろパーツのクリア
ヘアゴム&ヘアピン
作品 64／作り方 65

07 型どり

キラキラ星の
キューブピアス
作品 66／作り方 68

08 コーティング

パズルピースの
ヘアピン
作品 67／作り方 69

09 コーティング

折り紙のゴールドピアス
&リング
作品 70／作り方 72

10 コーティング

アンティークチケットの
ネックレス
作品 71／作り方 73

11 型どり

ダイヤモンド
バッグチャーム
作品 74／作り方 76

12 セッティング

夜空のリボン
ネックレス
作品 74／作り方 77

13 セッティングアレンジ

ガラスドームの
ストールピン
作品 75／作り方 78

14 フレーム

ガーランド風
イヤーカフ
作品 75／作り方 79

15 フレーム

ゆめかわハートの
キーピアス
作品 80／作り方 81

16 コーティング

バタフライネックレス&
ピアス
作品 82／作り方 83

17 フレーム

ワイヤーフレームの
風船ブローチ&ピアス
作品 84／作り方 86

18 型どり
1粒鉱石の
ピアス＆イヤーカフ
作品 85／作り方 88

19 コーティング
メタルチェーン
バレッタ
作品 90／作り方 92

20 フレーム
アンティークフレームの
ネックレス
作品 91／作り方 93

21 コーティング
紫陽花のネックレス＆
イヤーカフ
作品 94／作り方 96

22 型どり
バンビの
ブローチ
作品 95／作り方 97

23 セッティング
アンティークキーの
ブローチ
作品 95／作り方 98

24 型どりアレンジ
目玉焼きのアクセサリーセット
（ネックレス、ピアス、リング）
作品 100／作り方 101

25 型どり
小さな森の
イヤーカフ
作品 102／作り方 104

26 コーティング フレーム
アニマルフォトの
パールブレスレット
作品 103／作り方 105

27 型どり
リングモールドの
クリアリング
作品 106／作り方 108

28 型どり フレーム
リングモールドの
marumaruピアス
作品 106／作り方 109

29 コーティング フレーム
おめかしキャットの
ロゼット
作品 107／作り方 110

30 フレーム
ネオンカラーのキャンディ
ネックレス＆ブレスレット
作品 112／作り方 114

31 フレーム 型どり
朝露の森の妖精
ブローチ
作品 112／作り方 115

32 型どりアレンジ コーティング
きのこのレース
ネックレス＆ブレスレット
作品 113／作り方 116

33 フレーム
風景写真の
ピアス＆ブローチ
作品 118／作り方 120

34 コーティング
ペーパービーズの
ネックレス＆ピアス
作品 119／作り方 121

35 コーティング
英字新聞の
ブローチ＆リング
作品 122／作り方 124

36 コーティング
シャンデリアパーツの
ネックレス
作品 123／作り方 125

37 フレーム
レトロポップ
ネックレス＆イヤリング
作品 126／作り方 127

38 [セッティング]

真夜中のテディベア
バレッタ
作品 128／作り方 129

39 [フレーム]

木製フレーム風シャビー
ブローチ＆ネックレス
作品 128／作り方 131

40 [型どり][セッティング]

鉱石風ペンダント＆
ヘアクリップ
作品 132／作り方 133

41 [コーティング]

スパンコールの
ビッグキーホルダー
作品 134／作り方 136

42 [コーティング]

プラバン
アートリング
作品 135／作り方 137

43 [セッティング]

月夜の散歩ねこ
ブローチ
作品 138／作り方 139

44 [セッティング]

宝石の惑星
ピアス
作品 138／作り方 141

Part 2 スペシャルレジンテクニック

アートレジン

45

筆記体ネックレス＆
ピアス
作品 144／作り方 146

46

ジュエリーバックルの
ブレスレット＆ターバン
作品 145／作り方 147

オリジナル型

47

クリアシェルの
イヤーカフ
作品 148／作り方 150

48

蜂の巣
ネックレス＆ブローチ
作品 149／作り方 151

49

ミネルバの
ペガサスバッグチャーム
作品 149／作り方 152

レジンデコ

50
花の妖精
ネックレス＆ピアス
作品 154／作り方 156

51

パールケーキの
アンティークリング
作品 154／作り方 157

52

べっ甲の宝石ヘアピン
＆ヘアクリップ
作品 155／作り方 158

UVレジンの取り扱いについて

- UVレジンの中には手芸用ではなく、接着剤としての使用を主とする工業用のものもあります。作業をするときは手芸用として販売されているものを使用し、注意事項をよく読んでから使用してください。
- 作業中は部屋の換気を十分に行ってください。
- 万が一体調に異変を感じたら、すぐに使用を中止してください。
- UVレジンは直接手や肌に触れるとかぶれることがあります。肌の弱い方は特に、ビニール手袋を着用して作業してください。
- 硬化前のUVレジンが手や肌についた場合は、太陽光があたらないようにし、キッチンペーパーなどでふいてから石けんでよく水洗いしてください。
- 作業する際はクリアファイルなどの作業台の上で、汚れても構わない服装で行ってください。

> 基本の4タイプを覚えれば
好きなアイテムが必ず作れる！

本書ではUVレジンの使い方を
4つに分け、それぞれ基本工程とともに
きれいに仕上げるテクニックを紹介しています。
どれもコツをつかめば簡単！
好きなアクセサリーから始めてみましょう。

type 2 コーティング

〜好きな紙や写真をアクセに！〜

いろいろな素材の表面にUVレジンを塗り、
ツヤと強度のあるレジンパーツを作ります。
お気に入りの写真やデザインペーパーが
アクセサリーに変身！

▶基本の工程　P.38〜P.45

type 1 型どり

〜デザイン自由自在！〜

半透明の型にUVレジンを流して
好きな形のレジンパーツに。
封入物や着色で個性的な仕上がりを
目指しましょう！

▶基本の工程　P.30〜P.37

> 奥行きのある
> 仕上がりに！

type 3 セッティング

ミール皿と呼ばれるセッティング用金具に
UVレジンを流して作ります。
オリジナルの世界観を表現するならこれ！

▶ 基本の工程　P.46～P.51

> 背景を変えて
> 楽しめる！

type 4 フレーム

空枠やチェーン、連爪などをフレームとして、
内側にUVレジンを流して作ります。
市販品でも手作りでもアイデア次第でいろいろ作れる！

▶ 基本の工程　P.52～P.55

UVレジンってこんなもの！

UVレジンとは

UVレジンとは、紫外線で硬化する樹脂のこと。UVライト（36W推奨）で紫外線を照射したり、窓際で太陽光にあてたりするとかたくなります。弾力性や紫外線の照射時間が種類によって変わるので、作品によって使い分けましょう。

この本で使用している主なUVレジン

ハードタイプ

太陽の雫 ハードタイプ [パジコ]

硬化後はプラスチックのようにかたくなる。できあがったUVレジンパーツをアクセサリー金具（台座や透かしパーツなど）につけるときにも使用する。

UVライトでの照射時間の目安 **2～10分**

例えばこんなアイテムに！
リングモールドのクリアリング
▶ P.106

UV-LEDレジン 星の雫ハード [パジコ]

硬化後の仕上がり・用途は「太陽の雫 ハードタイプ」と同じ。最大の特徴は紫外線の照射時間が短いこと。UV-LEDスマートライトミニ（P.11）なら1～2秒で硬化が始まり、30～90秒で硬化する。何度も照射が必要な大きなパーツや色の濃いパーツ、マットな色味のパーツを作るのにおすすめ。

UVライトでの照射時間の目安 **2～4分**

例えばこんなアイテムに！
マーブルジュエルのブレスレット
▶ P.30

こんなハードタイプも！

3Dカラーアートレジン [アンジュ]

ノズルの先が細いので、ボトルから直接出して模様や柄、繊細なレジンパーツが簡単に作れる。すでに色がついているので着色料は不要。ぷっくり立体的に仕上がる。本書ではPart2で使用。

UVライトでの照射時間の目安 **2～5分**

（写真は左からライトパープル、ライトグリーン、ライトブルー）

例えばこんなアイテムに！
筆記体ピアス
▶ P.144

ソフトタイプ

太陽の雫 ソフトタイプ [パジコ]

硬化後の仕上がりはやわらかくてしなやか。はさみで簡単に切ることができる。硬化後は曲がるので、ブレスレットのように曲げて使うものにおすすめ。

UVライトでの照射時間の目安　**2〜10分**

例えばこんなアイテムに！　紫陽花のネックレス ▶P.94

グミータイプ

太陽の雫 グミータイプ [パジコ]

硬化後の仕上がりはグミのようなやわらかさ。ソフトタイプよりもやわらかく、はさみで切れるのはもちろん、手でもちぎれる。

UVライトでの照射時間の目安　**4〜10分**

例えばこんなアイテムに！　1粒鉱石のピアス＆イヤーカフ ▶P.85

UVレジンの基本の使い方

● UVレジンを流す

1 調色スティックにUVレジンをつたわせて少しずつ型に流す。

● 硬化する

2 作業用シートにのせたままUVライトを照射する。

● 型からはずす

3 UVレジンが硬化したら、型からはずす。

気泡ができたら取り除く！

気泡は硬化後に表面がデコボコする原因になる。硬化する前に調色スティックやエンボスヒーターを使って取り除く。

太陽光でも硬化できる！

太陽光でも室内なら30〜60分で自然硬化する。ほこりがつかないように、紫外線を通すクリアケースに入れて放置する。

型からはみ出しても大丈夫！

UVレジンがあふれてしまっても少しならそのままかため、硬化後にはみ出した部分（バリ）をはさみで切るかやすりで整える。

照射時間について

- 本書では36WのUVライトまたは6〜9WのUV-LEDスマートライトミニを使用した場合の時間を「（○分）」のように表記しています（どちらを使用したかは、各作品の作り方ページ「道具」を参照ください）。
- 照射時間は目安です。使用するUVレジンの種類のほか、作るパーツのサイズや色によっても変わります（種類の違いによる照射時間の違いは、メーカーが推奨する時間をもとに掲載しています）。

UVレジンの基本の道具

この本で使用している主な道具

UVライト
UVレジンに紫外線を照射してかためるのに使う。36Wが推奨とされる。使用中は青い光がつくので、アルミホイルを取り出し口につけておくと作業がしやすい。

調色パレット［パジコ］
UVレジンを着色したり、ラメなどを混ぜるときに使う。なければクリアファイルを小さく切ったものでも可。

調色スティック［パジコ］・つまようじ・筆
調色スティックとつまようじはUVレジンを混ぜたり、うすくのばしたり、気泡をつぶしたりするのに使う。うすくのばすときには筆を使ってもOK。使用後はレジンを拭き取り、保管する。

ピンセット
大きなビーズやドライフラワーなどを封入するときに使う。先が平らなものは、ドライフラワー用。花びらを傷つけずにつまめるのでおすすめ。

レジン拭き取り剤
UVレジンが垂れたとき、ペーパータオルなどにつけて拭き取る。型や調色スティックの掃除にも。

レジンクリーナー［パジコ］　消毒用エタノール

作業台・作業用シート
クリアファイル、シリコーンマットはUVレジンが垂れても拭き取れるように、作業台として使う。作業用シートを作ると、UVレジンを流す型やフレームを置いてもずれず、そのままUVライトを照射できるのでおすすめ。マスキングテープは空枠の底に貼り、土台としても使う。

作業台：クリアファイル／シリコーンマット／マスキングテープ

作業用シート：クリアファイルにマスキングテープの粘着面を上にして貼ったもの（粘着面）

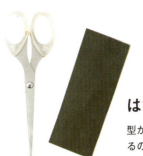

はさみ・やすり
型からはずしたパーツのバリを取るのに使う(P.35)。

エンボスヒーター
高温の温風が出るヒーター。UVレジンを流したとき、表面にできる気泡をあたためて消すのに使う。なければ調色スティックを使い、つぶしても可。

市販の型（モールド）
UVレジンの型どり(P.30)に。ポリプロピレン製またはポリエステル製、シリコーン製の、紫外線を通す半透明のものを使う。

レベルアップを目指すなら…

あるとより制作時間が短縮できるものや、オリジナリティが出せる道具です。本書ではPart 2で使用しています。

クリアシリコーン型取り材 [パジコ]
市販の型以外に、オリジナルの型を作りたいときに。A材とB材を付属のかくはん棒で混ぜ、型を作りたいものを入れて約24時間自然硬化させて使う（詳しくはP.150）。

UV-LEDスマートライトミニ [パジコ]
UVライトよりもコンパクトなポータブルライト。LEDでも硬化するレジンなら、硬化時間が短縮できる。ハンディタイプなので、ライトに出し入れしづらいようなレジンパーツの上にかぶせて照射できる。

型取り材とあわせて使う道具

デジタル秤
A材とB材の重量比をはかるのに使用。0.1g単位で計量できるものを用意する。

クリアカップ（または紙コップ）
A材とB材をはかるとき、混ぜるときの容器に使う。

プラスチック容器など
型どりする際に、かくはんした型材を流すのに使う。型どり後ははさみで切ってはがす。

UVレジンの基本テクニック

着色する

UVレジンに着色したい場合は、UVライトを照射する前に、専用の着色料か紫外線を通す「透明顔料」と呼ばれる着色料を混ぜます。この本で使用している主な着色料の種類と特徴、基本の使い方を紹介します。

この本で使用している主な着色料の種類

液体タイプ

宝石の雫 [パジコ]

UVレジン専用の着色料。ドロッパー容器なので、ボトルから直接UVレジンに垂らすことができる。基本カラーは全12色。そのほかネオンカラーや偏光パールも。

マットカラーの作り方

着色料は混色して使ってもOK。マットカラーにしたい場合は白を混ぜる。

タミヤカラー [タミヤ]

UVレジン以外にもプラモデルなどの着色に使う油性エナメル※塗料。使うときはスティックやつまようじの先にとってUVレジンに混ぜる。

※ 顔料を含む塗料を「エナメル」という。

パウダータイプ

ピカエース透明顔料 [クラチ]

紫外線を通す、「透明顔料」と呼ばれる着色料。ピカエースには「着色顔料」もあるが、こちらは紫外線を通さず硬化しないので注意。

カラーリングパウダー [アンジュ]

UVレジン専用の着色料。液体に比べて均等に混ざりにくいので、まず少量のUVレジンに混ぜてペースト状にしてから使う（詳しくはP.13）。

フロッキーパウダー [アンジュ]

UVレジン専用の着色料。使い方はカラーリングパウダーやピカエースと同じ。色がつくだけでなく、細かい繊維を混ぜたような質感が出る。

着色料の使い方

液体タイプ
調色パレット内に入れたUVレジンに直接混ぜて使います。

● 着色料を加える → ● 混ぜる →

少量ずつ入れ、うすめに作ると失敗しない。

1 調色パレットにUVレジンを入れ、着色料を1滴垂らす。

気泡ができたらエンボスヒーターであたためて取り除く。

2 調色スティック（またはつまようじ）で静かに混ぜる。

3 ムラなく混ざったら完成。好みの色になるまで1、2を繰り返す。

パウダータイプ
まず少量のUVレジンに混ぜてペーストを作ってから、調色パレット内でUVレジンに混ぜて使います。

● 少量のUVレジンを用意 → ● パウダーを加える → ● ペーストを混ぜる

1 クリアファイルやポリプロピレン製のフィルムを小さく切ったものにUVレジンを少量出す。

つまようじの先にUVレジンをつけ、粉をとって加える。

2 UVレジンにパウダータイプの着色料を加える。

3 ダマにならないように混ぜて、ペースト状にする。使うときは液体タイプのようにUVレジンに混ぜる。

着色レジンが余った場合の処理方法と保存方法

処理方法
調色パレット内に着色レジンがたくさん余ったら、UVライトを照射して硬化させてから取り除く。少量なら硬化せず、レジン拭き取り材をつけたペーパータオルで拭き取る。

保存方法
同じ色を作るのは難しいので、よく使う色は多めに作り、保存しておくとよい。太陽光を通さないふたつきの容器（写真はジェルネイル用コンテナ）に入れて保存する。

次のページからはいろいろな色の着色レジンを組み合わせて仕上げる着色テクニックを見ていきましょう！

13

着色テク❶
ツートンカラー

1色ずつ硬化して色が混ざらないように作ります。

材料

- **レジンパーツ**
  UVレジン…UV-LEDレジン 星の雫ハード［パジコ］
  着色料…宝石の雫（レッド、ブラック）［パジコ］
- **アクセサリーパーツ**
  ピアス金具（ゴールド）…1セット
  カン付きビジュー（ホワイトオパール）…2個
  ダイヤ形パーツ（ゴールド）…2個
  Cカン（0.7×3.5×4mm・ゴールド）…2個

道具
・基本の道具（P.10）　・平ヤットコ
・ソフトモールド　　　・丸ヤットコ
　（ハート）［パジコ］

赤黒ツートンのハートピアス

● 着色レジンを用意する → ● 型に流す → ● 硬化する →

1 レッドとブラックの着色料で着色レジンを2色作る。

着色テク
パキッとツートンにするために、ペットボトルのキャップなどに型を立てかけて流す。

2 型を斜めにした状態で、型の手前半分にレッドの着色レジンを流す。量は型の3分目くらいまで。

3 型を斜めにしたまま、UVライトを照射する（2分）。

● 型に流す・硬化する → ● 表面を整え、型からはずす →

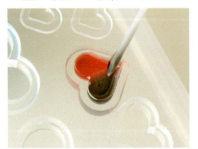

4 型を180度回転して斜めにし、手前にブラックの着色レジンを入れる。量は型の3分目くらいまで。UVライトを照射する（2分）。

5 2〜4を2〜3回繰り返す。表面に無着色レジンを流し、うすくのばす。UVライトを照射し（2分）、型からはずす。

アクセサリーへの仕上げ方

ピアス金具／ダイヤ形パーツ／カンつきビジュー／Cカン

パーツの表側全体にUVレジンをうすくのばし、カンつきビジューを置いたら、UVライトを照射する（2分）。

着色テク❷
グラデーション

色味の近い着色レジンを層になるように硬化していきます。

材料
- **レジンパーツ**
  UVレジン…太陽の雫 ハードタイプ[パジコ]
  着色料…宝石の雫（ピンク、イエロー、ブラウン、ホワイト）[パジコ]
  封入パーツ…ホログラム（ホワイト）

- **アクセサリーパーツ**
  ピアス金具（ゴールド）…1セット
  リボンのメタルパーツ（ゴールド）…2個
  Cカン（0.8×3.5×5mm・ゴールド）…2個

道具
- 基本の道具（P.10）
- ソフトモールド（キューブ）[パジコ]
- 平ヤットコ
- 丸ヤットコ
- ニッパー

BOXピアス＆ネックレス

● 着色レジンを用意する → ● 型に流す・硬化する

1 着色レジンを2色作る。ピンクはピンク、イエロー、ホワイトの混色。ブラウンはブラウン、ホワイトの混色。どちらもホログラムを混ぜる。

着色テク
うすくUVレジンを塗っておくと、仕上がりがきれい。

2 型の内側にうすく無着色レジンを流して広げたら、UVライトを照射する（2分）。

着色テク
マットカラー（P.12）はかたまりにくいので少量ずつ入れて照射する。

3 ピンク、ブラウンの順に着色レジンを型に流し、UVライトを照射する（3分）。各色2回にわけて流し、その都度UVライトを照射する。

● 表面を整え、型からはずす

4 表面に無着色レジンを流し、うすくのばす。UVライトを照射し（3分）、型からはずす。

アクセサリーへの仕上げ方

Cカン ／ ピアス金具 ／ リボンのメタルパーツ ／〈ワイヤーのつけ方〉

ワイヤーはキューブをラッピングするように上部で縦、横に交差させたら（①、②）、キューブをひっくり返し、底面でクロスさせ（③）、よぶんなワイヤーをニッパーで切る（④）。ネックレスはレジンパーツにホワイトの着色レジンの層を加えてアレンジ。P.21と同様にネックレスチェーンと丸カンでつないで仕上げる。

着色テク❸
マーブル

UVライトを照射して硬化する前に、調色スティックで混ぜて柄を作ります。

材料

●レジンパーツ
UVレジン…太陽の雫 ハードタイプ[パジコ]
着色料…宝石の雫（シアン、ブルー、ブラック、ホワイト）[パジコ]
封入パーツ…ブリオン（シルバー）、ホログラム（ピンク、ブルー、パープル）

●アクセサリーパーツ
〈ピアス〉
イヤリング金具（ゴールド）…1セット
三角の空枠（ゴールド）…2個
ミニタッセル（ブルー）…2個
丸カン（0.7×5mm・ゴールド）…2個

〈ピンブローチ〉
ハットピン丸皿チェーン付き（ゴールド）…1個

道具
・基本の道具（P.10）
・ソフトモールド（三角形）[パジコ]
・接着剤

三角マーブルのイヤリング＆ハットピン

●着色レジンを用意する →
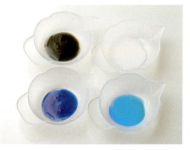

1 シアン、ブルー、ブラック、ホワイトの着色料で着色レジンを4色作る。

●型に流す・封入する →
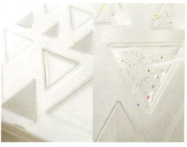

2 型にうすく無着色レジンを流し、UVライトを照射する（2分）。さらに無着色レジン、ブリオン、ホログラムを入れ、UVライトを照射する（2分）。

●型に流す →

着色テク
うすい色（透明度の高い色）から順番に入れていく。

3 バランスを見て、シアン、ブルー、ブラック、ホワイトの順に着色レジンを流す。

●混ぜる →

着色テク
混ぜすぎると柄がなくなってしまうので混ぜたあとが残る程度に。

4 調色スティックで円を描くようにクルクルと混ぜる。UVライトを照射する（4分）。

●型からはずし、表面を整える
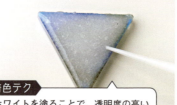

着色テク
ホワイトを塗ることで、透明度の高い色が表側からきれいに見える。

5 型からはずす。裏側にホワイトの着色レジンをうすく流し、UVライトを照射する（3分）。

アクセサリーへの仕上げ方

三角の空枠 / ハットピン丸皿チェーン付き / 丸カン / イヤリング金具 / ミニタッセル

イヤリングは三角の空枠とイヤリング金具の台座を、ハットピンは丸皿をレジンパーツにつける（P.27）。

着色テク❹
パウダーじかづけ

パウダータイプの着色料をレジンパーツの表面につけて着色します。

材料
- レジンパーツ
  UVレジン…太陽の雫 ハードタイプ [パジコ]
  着色料…カラーリングパウダー パールタイプ（アンティークゴールド、ローズ、ブルー、ホワイト）[アンジュ]
  封入パーツ…スワロフスキー（トパーズ、アクアマリン）
- アクセサリーパーツ
  ヘアピン丸皿付き（ゴールド）…1個

道具
- 基本の道具 (P.10)
- シリコーン型（月、星）
- 接着剤

星空のヘアピン

● 型に流す →

1 型の半分まで無着色レジンを流し、UVライトを照射する（2分）。

● 型に流す・封入する →

型の底が表側になるのでスワロフスキーは裏側を上にして置く。

2 無着色レジンを型のすりきりまで流し、スワロフスキーを入れる。UVライトを照射する（2～3分）。

● 着色する →

着色テク
うすい色はつきにくいので多めにつける。

アンティークゴールド

ローズ　ホワイト　ブルー

3 表面がしっかりかたまらない程度で取り出す。カラーリングパウダーをチップにとり、ポンポンと表面につける。

● 表面を整える →

4 表面に無着色レジンをぷっくりするくらいまで流し、UVライトを照射する（3分）。

● 型からはずし、バリを取る

5 型からはずす。バリができたらはさみで切って整える (P.35)。

アクセサリーへの仕上げ方

ヘアピン丸皿付き

ヘアピンの丸皿の上にレジンパーツ（月、星）をつける (P.27)。

封入する

UVレジンにラメやビーズを混ぜることを「封入する」と言います。パーツは乾燥したものを使用し、小さいものは調色パレット内で、大きいものは型などにUVレジンを流してから加えるのが基本です。

この本で使用している主な封入パーツの種類

ラメ

ネイルアートなどにも使われる、粒子の細かいキラキラした粉。写真左は「星の欠片」[パジコ]。ノズルからそのまま出せ、底を指先でたたくと少量ずつ調整しながら入れられるのでおすすめ。

ホログラム　　スパンコール

ホログラム・スパンコール

ラメよりも粒子が大きいので、キラキラ感をアップしたいときに使う。丸のほか、動物形などもある。

エフェクトパウダー・シェルパウダー・京都オパール

すべてネイルアートにも使われるもので、光の反射でオーロラのように輝く。シェルパウダーはシェル（貝殻）をくだいて粉末状にしたもの。京都オパールは天然のオパールのようなきらめきを放つ粉。

エフェクトパウダー　　シェルパウダー　　京都オパール

ビーズ・ラインストーン・ビジュー（スワロフスキーなど）・メタルパーツ

モチーフのアクセントとして使う。カン付きのメタルパーツはカンをニッパーで切って使う。

ドライフラワー・モス

モスとはジオラマなどに使われる模型用のコケのこと。ドライフラワーは花びらが傷つかないようにピンセットではさんで入れる。

デザインシート

使いたいモチーフをはさみで切って入れる。ネイル用のシールもおすすめ。

封入パーツの入れ方

粒子の細かいものを封入する
調色パレット内でUVレジンに先に混ぜてから流します。

● 調色パレットに入れる → ● 混ぜる → ● 型に流す

  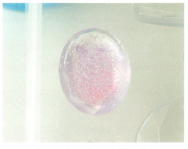

1 調色パレットにUVレジンを入れ、ラメを加える。

2 調色スティックで混ぜる。

3 まんべんなくラメが混ざったら、調色スティックにつたわせて型に流し、UVライトを照射する。

リング台につけるだけでキラキラ輝くリングに！

パーツ（大きいもの）を封入する
型などにまずUVレジンを流してから配置し、いったん硬化します。かたまったら再びUVレジンを流して仕上げます。

● 型にUVレジンを流す → ● パーツを入れる → ● UVレジンを流す

1 型の3分目くらいまでUVレジンを流したら、型を傾けて広げる。

2 調色スティックの先にデザインシートをつけて**1**に入れる。表裏のあるパーツなら、表側を下にして入れ、UVライトを照射する。

3 パーツをおおうようにUVレジンをすりきりまで流し、UVライトを照射する。

カブトピンにつなげるだけで揺れるブローチに！

次のページからはいろいろな封入パーツを組み合わせて仕上げる封入テクニックを見ていきましょう！

封入テク❶
リバーシブル

封入パーツが重ならないように入れると、表裏どちらでも使えます。

材料
- レジンパーツ
  UVレジン…太陽の雫 ハードタイプ[パジコ]
  封入パーツ…スパンコール(トナカイ、丸)、二分竹ビーズ(シルバー)、ブリオン(シルバー)、ホログラム(パープル、グリーン、ブルー、ピンク)、チュールの切れ端(ブラック)
  フレーム…懐中時計形の空枠(アンティークゴールド)
- アクセサリーパーツ
  チャームブレス金具(アンティークゴールド)…1個

道具 ・基本の道具(P.10)

トナカイのキーホルダー

● フレームの底を作る → ● 封入する

1 作業用シートの上にフレームを置く。うすくUVレジンを流し、UVライトを照射する(2分)。

封入テク 一番後ろにくる封入パーツを最初に入れる。それぞれ重ならないようにする。

2 UVレジンを3分目くらいまで流したら、チュールとスパンコール(丸)、ビーズ、ブリオンを入れ、UVライトを照射する(3分)。

封入テク メインのデザインとなる大きな封入パーツは中央に。最後に細かいパーツで全体のバランスを整える。

3 UVレジンを7分目まで流し、中央にトナカイ、周りにスパンコール、ホログラム、ビーズ、ブリオンを入れ、UVライトを照射する(3分)。

● 表面を整える →

4 UVレジンを表面がぷっくりするくらいまで流し、UVライトを照射する(4分)。

5 マスキングテープをはがし、裏側も表面がぷっくりするくらいまでUVレジンを流す。UVライトを照射する(4分)。

アクセサリーへの仕上げ方

チャームブレス金具

フレームの上部にチャームブレス金具を通す。

封入テク❷
奥行きを出す

封入パーツを層になるように分けて入れると奥行きのある仕上がりになります。

材料

- レジンパーツ
  UVレジン…UV-LEDレジン 星の雫ハード[パジコ]
  着色料…宝石の雫（ブルー）[パジコ]
  封入パーツ…スワンのカン付きメタルパーツ（ゴールド）、
  　　　　　　レースフラワー（ホワイト）
  セッティング…カン付きのオーバルのミール皿（ゴールド）

- アクセサリーパーツ
  カン付きビジュー（クリスタルオーロラ）…1個
  パールチェーン（3mm×9.5cm・パールホワイト）…1本
  チェーン（15.5cm・ゴールド）…2本
  アジャスター（5cm・ゴールド）…1本
  ヒキワ（ゴールド）…1個
  Cカン（0.7×3.5×4mm・ゴールド）…3個
  丸カン（0.8×5mm・ゴールド）…1個

道具
- 基本の道具(P.10)
- 平ヤットコ
- 丸ヤットコ
- ニッパー

スワンのアンティークネックレス

● UVレジンを流す →

1 ブルーの着色レジンをミール皿に流し、傾けて全体に広げたらUVライトを照射する（2分）。

● 封入する →

2 無着色レジンを6分目くらいまで流し、傾けて全体に広げる。

【封入テク】レースフラワーは軽いのでふわっと浮かべるように。

3 レースフラワーを入れる。

【封入テク】カン付きのメタルパーツはカンを切って使う。

4 メタルパーツはカンをニッパーで切り、ミール皿の中心に入れる。UVライトを照射する（2分）。

● 表面を整える →

5 無着色レジンを表面がぷっくりするくらいまで流す。UVライトを照射する（3分）。

アクセサリーへの仕上げ方

ヒキワ / パールチェーン / 丸カン / チェーン / Cカン / カン付きビジュー / アジャスター

チェーンはパールチェーンとつなぎ、両端にアジャスター（先端にカン付きビジューをCカンでつなぐ）とヒキワをつける。チェーンにレジンパーツを丸カンでつなぐ。

21

アクセサリーへの仕上げ方

この本で使用している工具と材料

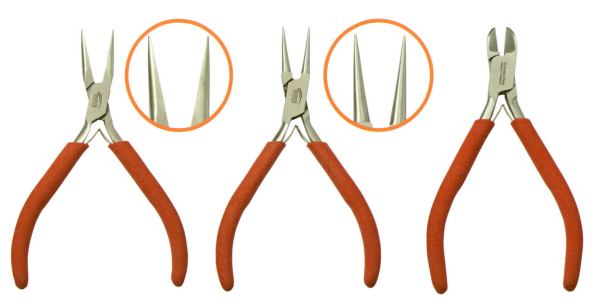

平ヤットコ

金具をはさむ、つぶすための道具。刃先が平たいのが特徴。カン類の開閉や、石座のツメやピン類を折ったり、つぶし玉をつぶしたりするときに使う。

丸ヤットコ

刃先が丸いのが特徴。基本的には平ヤットコとセットで、金具をはさむ、ピン類を丸く曲げるのに使う。

ニッパー

金具を切るための道具。ワイヤーやピン類、チェーン類など、金具を切るのに使う。

ピンバイス（左）・ルーター（右）

レジンパーツに丸カンやヒートンなどの金具を通すための穴をあける道具。ピンバイスは手動。ルーターは電動。

接着剤

アクセサリーパーツを接着したり、レジンパーツにアクセサリー金具を仮どめするのに使う。仮どめに使うときにはUVレジンをつける前に半日ほど乾かす。

この本で使用している基本のアクセサリー金具

つなぎ金具

バチカン　Cカン　丸カン

カン類
レジンパーツやアクセサリーパーツをつなぐのに使う。つなぐパーツのサイズ、形状によって変える。

ヒートン
レジンパーツに穴をあけて差しこみ、アクセサリーパーツとつなぐのに使う。

9ピン　デザインピン　Tピン

ピン類
ビーズの穴に通し、先を丸めて輪（カン）を作って使う。デザインピン、Tピンは片側にパーツをつなぐときに、9ピンは両端にパーツをつなぐときに使う。

ワイヤー
ビーズに通して接続するのに使う。ワイヤーのかわりにテグスを使うことも。

留め金具

板ダルマ　カニカン　ヒキワ　ナスカン　マンテル

マグネットクラスプ

ネックレスやブレスレットのチェーンの先に丸カンでつけて使う。板ダルマはカニカンやヒキワとセットで使う。

エンドパーツ

カシメ　ヒモ留め　つぶし玉　ボールチップ

端の処理に使う。カシメは革ひもや羽根に、ヒモ留めはリボンや革に、ボールチップとつぶし玉はワイヤーやテグスにつけて使う。

台座

石座
宝石形に型どりしたレジンパーツやビジューにはめて固定するのに使う。

透かしパーツ
レジンパーツをつける土台にしたり、フレームとしても使用。

カン付きプレート
レジンパーツにカンをつけたいときに。プレート部分をレジンパーツの裏側につけて使う。

アイテムによって使う金具

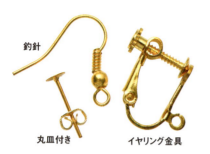
釣針 / 丸皿付き / イヤリング金具

ピアス・イヤリング金具
ピアス・イヤリングに仕上げるときに丸カンでつなぐ。デザインによって使い分けるとよい。

リング台
リングに仕上げるときに。皿の部分にレジンパーツをつけて使う。

ネックレスチェーン
ネックレスに仕上げるときに。留め金具がついた輪状のものなら、チェーンを切ってレジンパーツと丸カンでつなげばそのまま作品になる。

回転ピン

カブトピン

ブローチ金具
カン付きのものや皿付きのものなどさまざま。回転ピンはレジンパーツの裏に貼って使い、カブトピンは丸カンでつないで使う。

ヘア金具
バレッタ金具のほか、皿付きのヘアゴム、ヘアピンなどもレジンアクセサリー向き。それぞれ台座部分にレジンパーツをつけて仕上げる。

レジンパーツのセッティング・フレームの金具

ヒキモノリング / 空枠

ミール皿
セッティングタイプのレジンパーツに。皿の部分にUVレジンを流して使う。懐中時計形やスクエア、オーバルなどデザインも豊富。

ヒキモノリング・空枠
フレームタイプのレジンパーツに。フレームの底にマスキングテープを貼り、UVレジンを流して使う。ヒキモノリングと呼ばれるメタルパーツのほか、レジン専用の空枠も。

この本で使うアクセサリー金具の基本テクニック

丸カンの開閉

平ヤットコと丸ヤットコではさんで開閉します。開く向きがポイント。

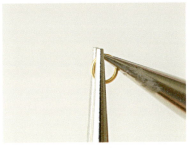
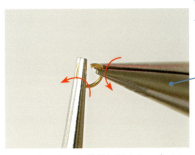

1 ヤットコ2本で丸カンをはさむ。平ヤットコでしっかり押さえると安定する。

2 ヤットコを前後に動かし、丸カンのつなぎ目をずらすように開く。閉じるときも同様にする。

左右に引っ張るとかたいだけでなく、丸カンの強度が下がるので注意。

バチカンのつけ方

バチカンはレジンパーツのカンに通し、ペンダントトップとしてネックレスチェーンにつなぐのに使います。

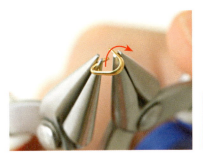

1 ヤットコ2本でバチカンをはさむ。平ヤットコでバチカンのつなぎ目を持ち上げるように開く。

2 レジンパーツのカンを通す。

3 1と同様につなぎ目を閉じる。

ピン類の丸め方

ビーズに通し、先を丸めてカンを作ります。ここでは9ピンの丸め方で紹介しますが、Tピン、デザインピンも丸め方は同じです。

1 ビーズに9ピンを通す。ピンの根元を平ヤットコで折り曲げる。7mmほど残してニッパーで切る。

2 9ピンの先端に丸ヤットコの端をあてて、ピンを丸める。手首を手前に返すように動かすのがポイント。

3 もともとついているカンと輪の角度が同じように丸める。

25

チェーンのつなぎ方

輪状のネックレスチェーンにレジンパーツをつけるときやには、チェーンを切って使います。

1 チェーンの両端を指で押さえてのばし、ニッパーをあてる。

2 切れたチェーンのコマをはずし、丸カンをつける。

3 つなぎたいレジンパーツやアクセサリー金具につなぐ。

ヒートンのつけ方

レジンパーツにピンバイスやルーターで穴をあけて差しこみます。差しこむときにはヒートンの先にUVレジンをつけておきます。

1 ヒートンをつけたい部分にピンバイス（またはルーター）で穴をあける。穴をあけるときはレジンパーツに対して垂直にドリルの先をあてること。

2 ヒートンの先にUVレジンを少量つけ、穴に差しこむ。2〜3回出し入れして、穴にUVレジンがなじむようにする。

3 UVライトを照射する（2分）。

石座のつけ方

石座についているツメを倒してレジンパーツやビジューを固定します。

1 宝石形に型どりしたレジンパーツを石座の上にのせる。

2 石座についているツメの1カ所を平ヤットコで押さえて倒す。

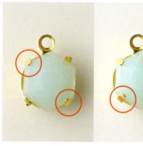

3 2で折ったツメと対角にあるツメを倒す。同様に残りのツメを倒す。

台座のつけ方

レジンパーツを金属製の台座につけるときは、いったん接着剤で仮どめしてからUVレジンで固定します。

1 レジンパーツの裏側につまようじなどで接着剤をつける。

2 台座を貼り、半日ほど乾かす。

3 乾いたら台座をおおうようにUVレジンを流し、UVライトを照射する（2分）。

カシメのつけ方

羽根や革ひもの端に平ヤットコで押さえてつけます。ここでは羽根へのつけ方で紹介します。

1 カシメの内側か羽根の先端に接着剤をつけてのせる。

2 カシメの一方を平ヤットコで折りたたみ、強く押さえて固定する。

3 もう一方も 2 と同様に行う。

ヒモ留めのつけ方

金具のギザギザの部分をリボンや革ひもに食いこませるようにつけます。ここではリボンへのつけ方で紹介します。

1 ヒモ留めをつけたい部分を上にしてリボンを持つ。

2 ヒモ留めのギザギザの部分でリボンをはさむようにつける。

3 平ヤットコでヒモ留めの両側をはさみ、強く押さえて固定する。

ボールチップとつぶし玉のつけ方

ワイヤーやテグスにビーズを通したら、ブレスレットやネックレスに仕上げるときの端の処理としてつけます。

1 つぶし玉を平ヤットコではさみ、ワイヤーに通す。

2 平ヤットコでつぶし玉をつぶす。

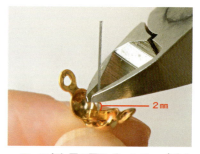

3 つぶし玉の下にボールチップがくるようにワイヤーに通す。2mmほど残してワイヤーをニッパーで切る。

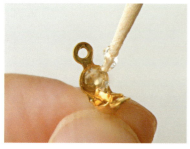

4 つぶし玉につまようじで接着剤を少量つける。

5 平ヤットコでボールチップをはさみ、つぶし玉をおおうようにして閉じる。

6 閉じたところ。

7 ボールチップの下に寸法分のビーズを通す。

8 ビーズの上にボールチップがくるように通す。

9 ボールチップの上につぶし玉を通し、*1*〜*5*と同様に閉じる。

Part 1

タイプ別 レジンアクセサリー

パーツの作り方を
「型どり」「コーティング」「セッティング」
「フレーム」の4つのタイプに分類！
まずはそれぞれ基本テクニックを
マスターしましょう。
後半はそのテクニックを使った
レシピを紹介します。

type 1
型どり

シリコーン製の「モールド」と呼ばれる型にUVレジンを流しこみ、UVレジンパーツを作ります。

♛ マーブルジュエルのブレスレット

▶作り方は P.33

オーバルと雫形のマーブル模様のレジンパーツ。ガーリーなチャームと組み合わせて。

♛ 1粒ジュエルのネックレス

▶作り方は P.32

宝石形のモールドを使い、繊細なペンダントトップのネックレスに。

Part 1 タイプ別レジンアクセサリー 型どり

♛ たっぷりラメ&ホロピアス
▶作り方は P.35

寒色系の大粒のラメとホログラムをたっぷり封入して神秘的に。アクセサリーパーツが耳元で揺れます。

♛ アンティークフラワーのリング
▶作り方は P.37

ドライフラワーが主役。落ち着いたワインレッドの配色でアンティークな雰囲気に。

♛ 揺れる羽根のピアス
▶作り方は P.36

ルビーのようなパーツと大ぶりの羽根でキッチュなピアスに。

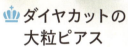

♛ ダイヤカットの大粒ピアス
▶作り方は P.35

大粒のダイヤ風パーツはウッドビーズでカジュアルに。

31

type 1 型どり

♛ 1粒ジュエルのネックレス

材料

〈ブルーのジュエル〉
● レジンパーツ
　ⒶUVレジン…太陽の雫 ハードタイプ[パジコ]
　　着色料…宝石の雫（シアン、ホワイト）[パジコ]

道具

・基本の道具(P.10)
・ジュエルモールド ミニ（ジュエリーカットヘキサゴン）
　[パジコ]
・平ヤットコ
・丸ヤットコ

● アクセサリーパーツ
Ⓑジュエリーモールド専用石座B
　（ゴールド）[パジコ]…1個
Ⓒレースのメタルパーツ（ゴールド）…1個
Ⓓ泡のメタルパーツ（ゴールド）…2個
Ⓔミニリングのメタルパーツ（ゴールド）…1個
Ⓕチェーン（17.5cm・ゴールド）…2本
Ⓖヒキワ（ゴールド）…1個
Ⓗアジャスター（50mm・ゴールド）…1個
ⒾCカン（0.7×3.5×4mm・ゴールド）…7個
Ⓙ丸カン（0.8×5mm・ゴールド）…1個

♦ 型に流す

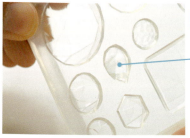

型どりテク・底を作る
型どりするときは、まず少量の無着色レジンを流し、型を傾けてふちまでうすく広げる。こうすると底ができ、仕上がりがきれい。

1 無着色レジンを流す。型を傾けてうすく広げる。UVライトを照射する（2分）。

♦ 硬化する

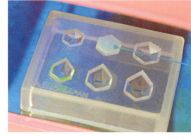

型どりテク・マットカラーをかためる
マットカラーは紫外線が底まで透過しづらいため、型どりするときは2～3回にわけて流し、そのつどUVライトを照射する。

2 シアン、ホワイトを混ぜて、着色レジンを作る。2回にわけて流し、そのつど照射する（1回に2分）。

♦ 型からはずす

3 型からはずす。バリができていたらはさみで切って整える。

♦ アクセサリーに仕上げる

4 石座をつける（P.26）。そのほかのアクセサリーパーツと丸カンでつなぐ。

ARRANGE
Tピン（0.7×20mm・ゴールド）
ビーズ（5mm・ブラウン）
バチカン（ゴールド）
シェルのメタルパーツ（ゴールド）
丸カン（0.5×2.3mm・ゴールド）
9ピン（0.5×16mm・ゴールド）
淡水パールビーズ（5mm・ホワイト）
石座カン付き（ゴールド）

ピンクのジュエルは無着色レジンにラメ（ピンク）を入れて作る。

Part 1 タイプ別レジンアクセサリー 型どり

マーブルジュエルのブレスレット

材料

- レジンパーツ
  ⒶUVレジン…UV-LEDレジン 星の雫ハード [パジコ]
  着色料…宝石の雫 (ピンク、シアン、パープル、イエロー、ホワイト、偏光パール) [パジコ]

道具

- 基本の道具 (P.10)
- ソフトモールド (ジュエリー) [パジコ]
- ジュエリーモールド ミニ (パーツ) [パジコ]
- 平ヤットコ
- 丸ヤットコ

- アクセサリーパーツ

Ⓑサークルのメタルパーツ (ゴールド)…1個	Ⓘヒモ留め (ゴールド)…1個
Ⓒバンビのカン付きメタルパーツ (ゴールド)…1個	Ⓙレース (ブルー)…1個
Ⓓビーズ (7mm・ピンク)…1個	Ⓚハートチェーン (15cm・ゴールド)…1本
Ⓔけしパール (6mm・ピンク)…2個	Ⓛカニカン (ゴールド)…1個
Ⓕストーン (7mm・イエロー)…1個	ⓂTピン (0.7×20mm・ゴールド)…3個
Ⓖリボン (パープル)…1個	ⓃCカン (0.7×3.5×4mm・ゴールド)…1個
Ⓗミニタッセル (ピンク)…1個	Ⓞ丸カン (0.7×4mm・ゴールド)…9個
	Ⓟ丸カン (0.8×5mm・ゴールド)…2個

◆着色レジンを用意する →

1 ピンク、シアン、パープル、イエローの着色レジンと裏面用の1色 (ホワイト&偏光パール) を作る。

◆型に流す →

2 無着色レジンを流し、型に広げて底を作る (P.32)。UVライトを照射する (2分)。

◆着色する

3 シアンの着色レジンを流し、調色スティックで円を描くように混ぜる (P.16)。

4 3と同様に、パープル、ピンク、イエローの順に流し、マーブル模様を作る。UVライトを照射する (2分)。

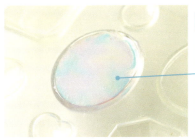

5 1で作った裏面用の1色を型の9分目まで流す。UVライトを照射する (3分)。

型どりテク・気泡を防止する

ふちまでUVレジンを広げるとき、型を傾けると気泡ができにくい。

33

◆ 表面を整える

6 無着色レジンを少し表面がぷっくりするくらいまで流し、UVライトを照射する(2分)。

※裏側にはカンになるパーツをつけるのであまりぷっくりさせない。

◆ 着色する

7 2と同様に無着色レジンで底を作り(P.32)、着色レジン3色を型のふちに流す。

8 中央に無着色レジンを流す。こうすることで着色したUVレジンがふちに追いやられる。

9 着色レジン部分を調色スティックでマーブル模様にする(P.16)。UVライトを照射する(2分)。

10 5と同様に裏面用の着色レジンを型の9分目まで流す。UVライトを照射する(3分)。

◆ 表面を整える

11 6と同様に無着色レジンを少し表面がぷっくりするくらいまで流し、UVライトを照射する(2分)。

◆ カンを作る

12 カンになるパーツを作る。無着色レジンをパーツ形の型に流してUVライトを照射する(2分)。

◆ アクセサリーに仕上げる

13 12を6と11のレジンパーツの裏側にのせ、無着色レジンを筆でつける。UVライトを照射する(2分)。

14 裏側全体に無着色レジンをぷっくりするくらいまで流す。UVライトを照射する(2分)。

15 レースを細くまとめ、先端にヒモ留めをつける(P.27)。

16 チェーンに14、15、そのほかのアクセサリーパーツをつなぐ。

Part 1 タイプ別レジンアクセサリー 型どり

♛ たっぷりラメ＆ホロピアス

材料

- レジンパーツ
  - ⒶUVレジン…UV-LEDレジン 星の雫ハード[パジコ]
  - 封入パーツ…ラメ(ゴールド)、ホログラム(パープル、ブルー)

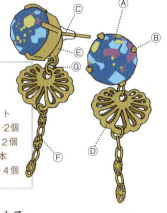

- アクセサリーパーツ
  - Ⓑ石座(10mm・アンティークゴールド)…2個
  - Ⓒピアス金具(アンティークゴールド)…1セット
  - Ⓓ花の透かしパーツ(アンティークゴールド)…2個
  - Ⓔ泡のメタルパーツ(アンティークゴールド)…2個
  - Ⓕチェーン(15mm・アンティークゴールド)…2本
  - ⒼCカン(0.6×3×4mm・アンティークゴールド)…4個

道具

- 基本の道具(P.10)
- ソフトモールド(ダイヤカット)[パジコ]
- 平ヤットコ
- 丸ヤットコ
- 接着剤

◆ 封入する →

1 調色パレットにUVレジンを入れ、ラメを混ぜる。

◆ 型に流す →

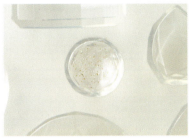

2 ラメ入りのUVレジンを型に広げて底を作る(P.32)。UVライトを照射する(2分)。

◆ 封入する →

3 UVレジンを型の8分目まで流す。ホログラムを入れ、UVライトを照射する(2分)。

◆ 型からはずす

4 UVレジンを型のすりきりまで流し、UVライトを照射する(2分)。型からはずす。

型どりテク・バリを取る
型から大きくはみ出したバリははさみで切って整える(P.9)。

◆ アクセサリーに仕上げる

5 石座の底にマスキングテープを貼る。UVレジンを流し、UVライトを照射する(2分)。

6 4を5に置いて、石座をつける(P.26)。

7 裏返し、UVレジンをつけたメタルパーツを置いて照射する(2分)。さらにピアス金具の台座をつけ(P.27)、仕上げる。

ARRANGE
- ピアス金具(ゴールド)
- カン付き石座(14×10mm・ゴールド)
- けしパール(8mm・ブラウン)
- 座金(7×7mm・ゴールド)
- Tピン(0.7×20mm・ゴールド)

ダイヤカットの大粒ピアスはソフトモールド(ダイヤカット)[パジコ]を使用して型どりし、ホログラム(クリア)を入れて作る。

揺れる羽根のピアス

材料

〈ブルーのジュエル〉
- レジンパーツ
  - Ⓐ UVレジン…UV-LEDレジン 星の雫ハード [パジコ]
  - 着色料…宝石の雫（レッド）[パジコ]
  - 封入パーツ…フラワーダスト（オレンジ）

● アクセサリーパーツ
- Ⓑ ジュエリーモールド ミニ専用石座A（ゴールド）…2個
- Ⓒ ピアス金具（ゴールド）…1セット
- Ⓓ 羽根（ベージュ）…2個
- Ⓔ カシメ（ゴールド）…2個
- Ⓕ 丸カン（0.8×5mm・ゴールド）…2個

道具
- 基本の道具（P.10）
- ジュエルモールド ミニ（ジュエリーカット ヘキサゴン）[パジコ]
- 平ヤットコ
- 丸ヤットコ
- 接着剤

◆ 着色レジンを用意する → ◆ 封入する →

1 レッドの着色料を混ぜて、着色レジンを作る。

2 無着色レジンを流し、型に広げる。フラワーダストを入れ、UVライトを照射する（2分）。

> 押し花を入れるときは先の平らな押し花用ピンセットに、少しUVレジンをつけてとるとよい。花に傷がつくとUVレジンが花にしみこんでしまい、色が消えてしまうことがあるので注意。

◆ 型に流す・型からはずす →→→→ ◆ アクセサリーに仕上げる →

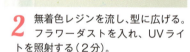

型どりテク・裏面を整える
石座や台座などレジンパーツの裏側にアクセサリー金具を接着する場合、金具を接着しやすいよう、表面はぷっくりさせずに平らに仕上げる。

3 すりきりまで着色レジンを流し、UVライトを照射する（2分）。型からはずす。

4 3に石座をつける（P.26）。

5 石座の裏側にピアス金具の台座をつける（P.27）。

6 羽根にカシメをつける（P.27）。

7 5と6を丸カンでつなぐ。

Part 1 タイプ別レジンアクセサリー 型どり

👑 アンティークフラワーのリング

材料

- レジンパーツ
  Ⓐ UVレジン…太陽の雫 ハードタイプ［パジコ］
  　着色料…宝石の雫（ブラウン、レッド、パープル）［パジコ］、
  　カラーリングパウダー（アンティークゴールド）［アンジュ］
  　封入パーツ…ドライフラワー（ブルー）

道具

- 基本の道具(P.10)
- ジュエルモールド ミニ（シンプル ドーム＆オーバル）［パジコ］　・接着剤

- アクセサリーパーツ
  Ⓑ リング台丸皿付き（アンティークゴールド）…1個
  Ⓒ 透かしパーツ（アンティークゴールド）…1個

◆ 着色レジンを用意する　→　◆ 型に流す

1 レッド、ブラウン、パープルの着色料を混ぜて着色レジンを作る。

ドライフラワーは沈めず、ふわっと置く感じで入れる(P.19)。

2 無着色レジンを流して型に広げ、ドライフラワーを入れる。UVライトを照射する（2分）。

3 着色レジンを型の7分目まで流す。UVライトを照射する（3分）。

◆ 着色する

型のふちだけを着色したいときにおすすめ(P.34)。

4 無着色レジンを型の中央に1滴入れ、UVライトを照射する（2分）。

表面を軽く触ってみて、ベタつくくらいでUVライトから出す。

5 UVレジンを型の9分目まで流し、UVライトを照射する（1分）。完全にかためず取り出す。

6 カラーリングパウダーをチップでじかづけする(P.17)。

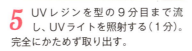

◆ 表面を整える　　◆ アクセサリーに仕上げる

7 すりきりまで無着色レジンを流し、UVライトを照射する（3分）。型からはずす。

8 透かしパーツに無着色レジンを流し、7を置いてUVライトを照射する（2分）。裏側にリング台の丸皿をつける(P.27)。

型どりテク・厚みのあるパーツをかためる

厚みのあるパーツや色の濃いパーツは、表側から照射したあと型からはずす前にシリコーンマットなどにのせたまま裏側からも照射する。

type2 コーティング

リボンやシール、ドライフラワーなど、いろんなものをUVレジンでコーティングしてアクセサリーのモチーフとして使います。

♛ ハートシールピアス
▶作り方は P.41

ハート形のシールをUVレジンでコーティングしただけ！ 左右でアシンメトリーに。

♛ リボンコーティングピアス
▶作り方は P.40

パステルカラーのリボンをUVレジンでコーティング。リボンの垂れた部分は曲げてかためて動きをつけて。

♛ ドライフラワーの立体ブローチ
▶作り方は P.42

立体的なドライフラワーのブローチ。ぷっくりとした質感が胸元のアクセントに。

♛ 押し花のカラフルピアス
▶作り方は P.43

ビビッドカラーのヒメジョオンの押し花をコーティング。耳元で揺れるデザインに。

Part 1 タイプ別レジンアクセサリー コーティング

♛ ビスケットの バックチャーム&リング

▶作り方は P.44

ビスケットをコーティング。動物や虫のパーツでとことん個性的に仕上げて。

♛ アニマルフォトピアス

▶作り方は P.45

動物の写真をコーティングしたポップなピアス。リボンや花と組み合わせてガーリーに。

type 2 コーティング

👑 リボンコーティングピアス

【材料】
- レジンパーツ
  - ⒶUVレジン…UV-LEDレジン 星の雫ハード［パジコ］
- コーティングパーツ…リボン（レインボー）

【道具】
- 基本の道具(P.10)
- 平ヤットコ
- 丸ヤットコ

●アクセサリーパーツ
- Ⓑピアス金具（ゴールド）…1セット
- Ⓒ星のカン付きメタルパーツ（ゴールド）…2個
- Ⓓチェーン（2cm・ゴールド）…2本
- Ⓔ丸カン（0.6×3mm・ゴールド）…4個
- Ⓕ丸カン（0.6×5mm・ゴールド）…2個

◆ コーティングパーツを作る

1 リボンを結び、裏返して中心の結び目に丸カンを通す。

◆ コーティングする

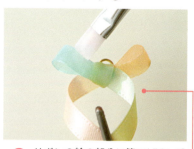

2 リボンの輪の部分に筆でUVレジンを塗る。UVライトを照射する（2分）。

3 リボンの垂れた部分にカーブをつける。そのままの状態でUVレジンを塗り、UVライトを照射する（2分）。

◆ サイズを調整する

4 垂れた部分を仕上がりの長さ（2.5cm）にはさみで切る。

コーティングテク
UVレジンの分量&照射の仕方

UVレジンがリボンにしみこみ、色が濃くなるくらいがベスト。ピンセットなどでつまんで照射する。

◆ アクセサリーに仕上げる

5 チェーンの先にメタルパーツとピアス金具を丸カンでつなぐ。ピアス金具を1の丸カンにつなぐ。

ARRANGE

- デイジーのメタルパーツ（ゴールド）
- コットンパール（7mm・ホワイト）
- ビーズ（2mm・ゴールド）
- 丸カン（0.6×3.5mm・ゴールド）
- 丸カン（0.8×5mm・ゴールド）
- Tピン（0.7×20mm・ゴールド）

ピンクリボンのピアスはコーティングパーツのリボンの色を変えてアレンジ。

Part 1 タイプ別レジンアクセサリー　コーティング

👑 ハートシールピアス

材料

- レジンパーツ
  - ⒶUVレジン…太陽の雫 ハードタイプ[パジコ]
  - コーティングパーツ…シール(ハート大・小、リボン)

道具

- 基本の道具(P.10)
- 平ヤットコ　・丸ヤットコ
- ピンバイス　・接着剤

- アクセサリーパーツ
  - Ⓑピアス金具(ゴールド)…1セット
  - Ⓒ丸カン(0.6×3.5mm・ゴールド)…2個
  - Ⓓ丸カン(0.6×5mm・ゴールド)…10個

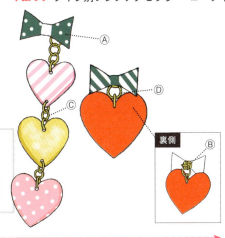

✦ コーティングする

1 シール(リボン)の粘着面が上になるように置き、UVレジンを流す。UVライトを照射する(2分)。

2 絵柄側も *1* と同様に行う。

> **コーティングテク**
> **はみ出したときのリカバリー**
> コーティングするときにUVレジンがシールからはみ出したら、はさみやニッパーではみ出した部分を切って整える。やすりで削って整えてもよい。

✦ アクセサリーに仕上げる

3 シール(ハート)も *1* と同様に、粘着面、絵柄側の順にUVレジンを流す。UVライトを照射する(2分)。

4 *3* のハートにピンバイスで穴をあける。

5 *2* の裏側にピアス金具の台座をつける(P.27)。

6 *4* であけた穴に丸カンを通し、*5* とつなぐ。

41

👑 ドライフラワーの立体ブローチ

■材料

- ●レジンパーツ
  - ⒶUVレジン…太陽の雫 ハードタイプ[パジコ]
  - コーティングパーツ…ドライフラワー（グリーン・ホワイト）

- ●アクセサリーパーツ
  - ⒷウラピンΟ(ゴールド)…1個
  - Ⓒ透かしパーツ(ゴールド)…1個
  - Ⓓ小鳥のメタルパーツ(ゴールド)…1個
  - Ⓔリボンのメタルパーツ(ゴールド)…1個

■道具

・基本の道具(P.10)　・接着剤

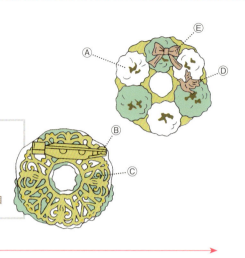

◆コーティングパーツを作る

1 UVレジンをジェルネイル用のコンテナなどの深めの容器に入れ、ドライフラワーを浸す。

2 余分なレジンをきり、UVライトを照射する（3分）。

コーティングテク・
立体的な花をコーティングする
立体的なドライフラワーは筆を使っても花びらの間に均一にUVレジンを塗りづらいので、深めの容器に浸すとよい。余分なUVレジンは液だれの原因になるので、できるだけきる。

◆アクセサリーに仕上げる

3 透かしパーツのすきまにUVレジンを流し、UVライトを照射する（2分）。中央は流さない。（流さない）

4 3の表面にUVレジンを流し、2をのせる。UVライトを照射し（2分）、花の位置を固定する。

5 花と花のすきまを埋めるように外側から筆でUVレジンをつけて、UVライトを照射する（2分）。

6 内側からも同様にUVレジンをつけ、UVライトを照射する（2分）。5、6を4～5回繰り返し、強度を高める。

7 メタルパーツをUVレジンでつけて照射する（2分）。透かしパーツの裏側にウラピンの台座をつける(P.27)。

（ピンの両端は針が動かなくなるのでUVレジンをつけないこと。）

ARRANGE
レジンパーツのドライフラワーの色を変えてアレンジ。

Part 1 タイプ別レジンアクセサリー コーティング

押し花のカラフルピアス

材料

● レジンパーツ
　ⒶUVレジン…太陽の雫 ハードタイプ[パジコ]
　コーティングパーツ…ヒメジョオンの押し花
　（ブルー、イエロー）

道具

・基本の道具(P.10)　・丸ヤットコ
・平ヤットコ　　　　・ピンバイス

● アクセサリーパーツ
　Ⓑピアス金具(ゴールド)…1セット
　Ⓒ丸カン(0.6×3mm・ゴールド)…4個
　Ⓓ丸カン(0.6×5mm・ゴールド)…6個

◆ コーティングする

1 押し花の上にUVレジンを流す。

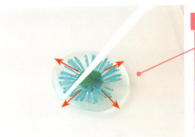

2 調色ステックで広げてコーティングする。UVライトを照射する（2分）。

コーティングテク

気泡ができにくい広げ方
UVレジンは押し花の中心にかけ、調色ステックで丸く整えながら外側に向かって放射状に広げる。内側に向かってUVレジンを広げると、気泡の原因になる。

3 裏面も*1*、*2*と同様にUVレジンでコーティングし、UVライトを照射する（2分）。

4 黄色も*1*～*3*と同様に作る。

◆ アクセサリーに仕上げる

5 *3*、*4*にピンバイスで穴をあける。

6 *5*とピアス金具を丸カンでつなぐ。

ARRANGE

レジンパーツの押し花の色を変えてアレンジ。

ビスケットのバッグチャーム

材料

- レジンパーツ
  - ⓐUVレジン…UV-LEDレジン 星の雫ハード［パジコ］
  - コーティングパーツ…市販のビスケット
  - 封入パーツ…牛のミニフィギュア、ラインストーン連爪（クリア）

道具

- 基本の道具(P.10)　・平ヤットコ　・丸ヤットコ　・ニッパー

- アクセサリーパーツ
  - Ⓑミニチュアティーカップ＆ソーサー（ピンク、グリーン）…各2個
  - Ⓒパールビーズ(8mm・ホワイト)…20個
  - Ⓓナイロンコードワイヤー(30cm)…1本
  - Ⓔナスカン(ゴールド)…1個
  - Ⓕだるまチップ、つぶし玉(ゴールド)…各2個
  - Ⓖカン付きプレート(ゴールド)…1個
  - Ⓗヒキモノリング(ゴールド)…1個
  - Ⓘ丸カン(1×0.8mm・ゴールド)…2個
  - Ⓙ丸カン(1.0×10mm・ゴールド)…3個
  - Ⓚ丸カン(1×12mm・ゴールド)…2個

◆コーティングする

1 ビスケットの裏側に筆でUVレジンをたっぷり塗り、UVライトを照射する（2分）。表側も同様にする。

コーティングテク

食品のコーティング

食品はできるだけ乾燥したものを使う。油分や水分の多い食品は硬化しなかったり、硬化後にひび割れたりすることがある。硬化するときはペーパータオルなどで油分や水分をとり、筆を使ってUVレジンをたっぷり塗る。

◆封入する

3 表側にUVレジンをぬり、ラインストーン、ミニフィギュアを置く。UVライトを照射する（2分）。

◆アクセサリーに仕上げる

4 裏側の上部にカン付きプレートをつける（P.27）。

5 ソーサーにUVレジンを流し、カップを置いてUVライトを照射する（2分）。

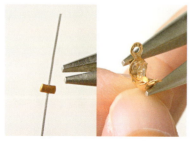

6 ワイヤーにボールチップとつぶし玉をつける（P.28）。

7 ビーズを通したら、ボールチップとつぶし玉をつける（P.28）。先端にナスカンとヒキモノリング、**4**と**5**を丸カンでつなぐ。

ビスケットのリング

- 英文字メタルパーツ（ゴールド）
- ホイップクリームのスイーツデコパーツ（ホワイト）
- てんとう虫のミニフィギュア
- リング台丸皿付き（ゴールド）

パーツを変えてリングに。

Part 1 タイプ別レジンアクセサリー コーティング

👑 アニマルフォトピアス

材料

- レジンパーツ
  - ⒶUVレジン…太陽の雫 ハードタイプ[パジコ]
  - コーティングパーツ…表：キリンの写真、裏：マスキングテープ（ドット）
  - 封入パーツ…ブリオン（シルバー）、ラインストーン（イエロー、グリーン）

道具

- 基本の道具 (P.10)
- 平ヤットコ ・丸ヤットコ
- ピンバイス ・両面テープ

● アクセサリーパーツ
- Ⓑピアス金具（ゴールド）…1セット
- Ⓒコットンパール風ビーズ（8mm・ホワイト）…2個
- Ⓓチェーン（1.5cm・ゴールド）…2本
- Ⓔ9ピン（0.7×25mm・ゴールド）…2個
- Ⓕ丸カン（0.7×5mm・ゴールド）…6個

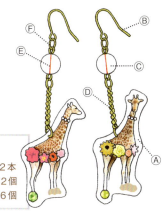

◆ コーティングパーツを作る → ◆ コーティングする

1 写真を絵柄にそって切る。裏側はマスキングテープを両面テープで補強して貼る。

2 表側にうすくUVレジンを流し、UVライトを照射する（2分）。クリアファイルをあてて平らにする。

> **コーティングテク**
> **反り返しを防ぐ**
> 写真などUVレジンの硬化によって反りやすい素材は、完全に硬化する前にUVライトから取り出し、クリアファイルをあてて指で反りを直す。照射しすぎると反りが戻らなくなるので、2分くらいで行うのがベスト。そのまま熱が冷めるまで置いておく。

◆ 封入する

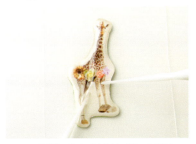 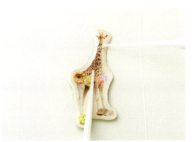

◆ アクセサリーに仕上げる

3 表側にうすくUVレジンを塗る。

4 封入パーツを置き、UVライトを照射する（4分）。裏側もUVレジンを塗り、照射する（3分）。

5 ピンバイスで穴をあける。

6 9ピンにビーズを通し、ピアス金具、チェーンと丸カンでつなぐ。チェーンの先に5を丸カンでつなぐ。

ARRANGE
チェーン（1.4cm・ゴールド）
チェーン（0.5cm・ゴールド）

写真やチェーンの長さ、つなぎ方をアレンジ。

45

type 3
セッティング

ミール皿と呼ばれるアクセサリーパーツにUVレジンを流します。封入パーツのほか、背景の色や柄を変えて楽しみましょう。

👑 デザインフィルムの ブレスレット
▶作り方は P.49

デザインフィルムを封入するだけの簡単ブレスレット。エッフェル塔のメタルパーツでフレンチシックに。

👑 ピアノチャームの ドット柄ピアス
▶作り方は P.48

ドット柄の紙を貼って背景に。ミール皿の底の透け具合で変化をつけて。

Part *1* タイプ別レジンアクセサリー セッティング

👑 時空クジラの
　懐中時計キーホルダー
▶作り方は P.50

何層にもUVレジンを流し奥行きのあるデザインに。ファンタジックな世界が広がります。

👑 背景デコの
　キッチュブローチ
▶作り方は P.51

背景をマスキングテープや布、写真やラメでデコレーション。背景を変えてバリエーションを出して。

type 3 セッティング

👑 ピアノチャームのドット柄ピアス

材料
- レジンパーツ
  - ⒶUVレジン…太陽の雫 ハードタイプ[パジコ]
  - セッティング…ラウンドのミール皿(ゴールド)
  - 背景用パーツ…折り紙(ドット)
  - 背景下地…ジェッソ
  - 封入パーツ…ピアノのブラスパーツ(ゴールド)

- アクセサリーパーツ
  - Ⓑピアス金具(ゴールド)…1セット
  - Ⓒリボンのプラパーツ(ゴールド)…2個
  - Ⓓ9ピン(0.7×30mm・ゴールド)…2個
  - ⒺCカン(0.7×3.5×4mm・ゴールド)…2個

道具
- 基本の道具(P.10)
- 平ヤットコ ・丸ヤットコ
- 接着剤

◆ 背景を作る

1 ミール皿の底にふちより少し内側までジェッソを塗る。1日乾かす。

> **セッティングテク**
> **下地を塗る**
>
> 背景パーツに使う絵柄の色、柄をはっきりさせたいときは、筆で底にうすくジェッソを塗る。十分乾かしてから次の作業に移ること。

2 折り紙をミール皿に合わせて切り、接着剤で貼る。乾かす。

◆ 封入する

3 UVレジンをミール皿の7分目くらいまで流し、中心にパーツを置く。UVライトを照射する(2分)。

◆ 表面を整える

4 UVレジンを2回にわけてぷっくりするくらいまで流し、UVライトを照射する(2分)。

> **セッティングテク**
> **表面をぷっくりと整える**
> 表面を整えるときに流すUVレジンは一気に流さず、まず少し入れて斜めにして全体に行き渡らせておく。そうするとぷっくりするくらいまで流してもミール皿からこぼれず、隙間ができてしまったということもなくなる。

◆ アクセサリーに仕上げる

5 4とリボンのプラパーツを9ピンでつなぐ。ピアス金具とCカンでつなぐ。

> **ARRANGE**
>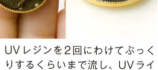
> パールビーズ(6mm・ホワイト)
> レジンパーツはミール皿の底にジェッソを塗らずに作る。柄の部分に底のゴールドが透けるので雰囲気が変わる。リボンのプラパーツはパールにチェンジ。

Part 1 タイプ別レジンアクセサリー セッティング

👑 デザインフィルムのブレスレット

材料

- レジンパーツ
  Ⓐ UVレジン…UV-LEDレジン星の雫ハード[パジコ]
  　セッティング…スクエアのミール皿(ゴールド)
  　背景下地…ジェッソ
  　封入パーツ…デザインフィルム[アンジュ]

道具

- 基本の道具(P.10)　・平ヤットコ
- 丸ヤットコ

- アクセサリーパーツ
  Ⓑ マンテル(ゴールド)…1セット
  Ⓒ チェーン(14.5cm・ゴールド)…1本
  Ⓓ バチカン(ゴールド)…1個
  Ⓔ 英文字入りのメタルパーツ(ゴールド)…1個
  Ⓕ カン付きエッフェル塔のメタルパーツ(ゴールド)…1個
  Ⓖ カン付きスクエアのメタルパーツ(ゴールド)…2個
  Ⓗ 丸カン(0.8×5mm・ゴールド)…6個

◆背景を作る → ◆UVレジンを流す

1 ミール皿の底に筆でジェッソを塗る。1日乾かす。

2 ミール皿にUVレジンを流し、筆でふちまで広げる。

セッティングテク
ふちを整える
四角形などのミール皿は、すみずみまでUVレジンが行き渡らないと気泡の原因になる。調色スティックでカドまで広げる。

◆表面を整える → ◆アクセサリーに仕上げる

3 デザインフィルムをのせる。UVレジンをすりきりまで入れる。UVライトを照射する(2分)。

セッティングテク
フィルムを封入する
フィルムを入れたあと、ミール皿との間の空気をぬくように調色スティックで表面をなでるとよい。写真や絵柄が屈折して見えないようにしたいなら、仕上げのUVレジンはぷっくりさせずにすりきりまでにし、表面が平らになるように仕上げる。

4 チェーンにマンテルをつけ、メタルパーツを丸カンでつなぐ。3にバチカンをつけチェーンにつなぐ。

時空クジラの懐中時計キーホルダー

材料

- レジンパーツ
  - ⒶUVレジン…太陽の雫ハードタイプ[パジコ]
  - 着色料…宝石の雫（シアン）、ピカエース（エフェクトフレークブルー）、カラーリングパウダー（ブラック、ブルー）
  - セッティング…懐中時計形のミール皿（アンティークゴールド）
  - 封入パーツ…ラメ（オーロラ）、エフェクトパウダー（ライム）、シェルフレーク（水色、アンティークゴールド）、クジラのメタルパーツ、ブリオン、丸スタッズ、時計の歯車・針、スワロフスキークリスタル（#1028クリスタルAB、#6428クリスタルAB）

道具

- 基本の道具(P.10) ・平ヤットコ ・丸ヤットコ ・ピンバイス

- アクセサリーパーツ
  - Ⓑキーホルダー金具（アンティークゴールド）…1個
  - Ⓒカン付きメタルパーツ（太陽と月・シルバー、星・アンティークゴールド）…各1個
  - Ⓓ時計の歯車のメタルパーツ（アンティークゴールド）…2個
  - Ⓔコインのメタルパーツ（アンティークゴールド）…1個
  - ⒻCカン（0.7×3.5×4.5mm・アンティークゴールド）…1個
  - Ⓖ甲丸Cカン（1.2×3.7×5.5mm・アンティークゴールド）…1個
  - Ⓗ丸カン（1.2×8mm・アンティークゴールド）…3個

◆背景を作る

好みの色になるまで1、2を何回か繰り返す。

1 着色レジンを3色用意し、ふちからブラック、ブルー、シアンの順に流す。UVライトを照射する（2分）。

2 カラーリングパウダー（ブルー）をじかづけし（P.17）、中央にエフェクトパウダー（ライム）を重ねる。

◆封入する

封入する部分にだけUVレジンをうすく流す。

3 ミール皿の下側にうすくレジンを流す。メタルパーツ、スタッズ、シェルフレークを入れて照射する（2分）。

4 スワロフスキーに無着色レジンをつけて置き、照射する（2分）。さらに流してブリオンを入れ、照射する（2分）。

5 時計の歯車と針に無着色レジンをつけて置き、UVライトを照射する（2分）。

◆仕上げ

6 ピンバイスで3カ所穴をあけ、スワロフスキーに無着色レジンをつけて置く。UVライトを照射する（2分）。

7 ラメ入りレジンをふちに流して照射する（2分）。ぷっくりするまで無着色レジンを流し、照射する（3分）。

8 キーホルダー金具に**7**と時計の歯車のメタルパーツを丸カンでつなぐ。そのほかのパーツも丸カンでつなぐ。

Part 1 タイプ別レジンアクセサリー セッティング

背景を変えて楽しもう！

背景はアイデア次第でいろいろなものが作れます。
ここでは簡単でかわいい背景テクニックを4つ紹介します。

ラメやホログラムをしきつめる

キラキラ輝く背景にしたいなら、ラメやホロをしきつめましょう。ジェッソを塗って白い下地にしておくと光沢感がアップします。

下処理はこれ！

ミール皿の底にジェッソを塗り、1日乾かす。UVレジンをつけたラメ、ホロをのせてUVライトを照射する（3分）。

本書ではこんなアイテムに！

布を貼る

かわいいテキスタイルの布の背景もおしゃれ。布はUVレジンを流すと色がにじんでしまうので、ジェルメディウムというコート材を塗ります。接着力もあるのでそのまま貼れて便利です。

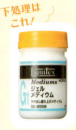
下処理はこれ！

ミール皿に合わせて布を切り、ジェルメディウムを塗る。そのまま底に貼る。

本書ではこんなアイテムに！

写真用紙を使う

耐水性の写真用紙なら色がにじまないので、下処理が不要！ 背景の材料としておすすめです。柄をプリントしたり、台紙として使いましょう。

● プリントする

写真用紙に好きな柄をプリントし、ミール皿に合わせて切る。ミール皿の底に両面テープか接着剤で貼る。

本書ではこんなアイテムに！

● 台紙にする

写真用紙をミール皿に合わせて切り、マスキングテープを巻く。余分なテープを切り、ミール皿の底に両面テープか接着剤で貼る。

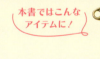
本書ではこんなアイテムに！

フレーム

フレーム（空枠）と呼ばれるアクセサリーパーツにうすくUVレジンを流し、空枠に底を作ることからスタートします。

スペードフレームのキーホルダー
▶作り方は P.53

スペードの空枠にチェシャネコやトランプウサギのパーツを封入。不思議の国のアリスの世界観を表現しました。

トナカイフレームのネックレス
▶作り方は P.54

かわいいトナカイ形のフレームが主役のネックレス。革ひもをネックレスにして、北欧風のデザインに。

Part 1 タイプ別レジンアクセサリー フレーム

♛ スペードフレームのキーホルダー

材料

- レジンパーツ
  - Ⓐ UVレジン…UV-LEDレジン 星の雫ハード [パジコ]
  - 着色料…宝石の雫(シアン、ホワイト、イエローグリーン、偏光パール)
  - フレーム…スペード形の空枠(アンティークゴールド)
  - 封入パーツ…ラメ(ゴールド)、ホログラム(ハート)、フラワーのメタルパーツ(ゴールド)、スワロフスキー(#1028クリスタルPP17)、トランプウサギのメタルパーツ(ゴールド)、チェシャネコのメタルパーツ(ゴールド)、こでまりのドライフラワー(イエロー)

- アクセサリーパーツ
  - Ⓑ キーホルダー金具(アンティークゴールド)…1個
  - Ⓒ 英文字入りのメタルチャーム(アンティークゴールド)…1個
  - Ⓓ 丸カン(10×6mm・アンティークゴールド)…2個

道具
・基本の道具(P.10)　・平ヤットコ　・丸ヤットコ

♦ 空枠の底を作り、着色する →　♦ 封入する

着色レジンは着色料4色をすべて混ぜる。境界線は調色スティックでなじませる。

1 空枠の底を作り、フレームの下側に着色レジン、上側に無着色レジンを流し、照射する(2分)。

2 1の上にうすく無着色レジンを流し、ドライフラワーを置く。UVライトを照射する(2分)。

3 無着色レジンを流し、トランプウサギのメタルパーツ、ホログラムを入れ、調色スティックで沈める。

気泡ができてもラメのラインが崩れるのでエンボスヒーターは使わない。

4 ラッパの先からラインを引くようにラメを入れる。UVライトを照射する(2分)。

メタルパーツの中央にスワロフスキーをUVレジンでつける。

5 無着色レジンを流し、メタルパーツを置く。UVライトを照射する(2分)。

6 無着色レジンを流し、筆で空枠の上まで放射状に広げる。

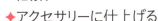
♦ アクセサリーに仕上げる

7 フレームのふちにチェシャネコのメタルパーツを置く。手で押さえたまま照射する(2分)。

8 裏側にUVレジンをうすく流し、照射する(2分)。キーホルダー金具、メタルチャームと丸カンでつなぐ。

フレームテク
ぬけ落ちを防止する

硬化後のUVレジンパーツは空枠からぬけてしまうことがある。UVレジンをすりきりまで流したら、空枠の上までおおうように筆でのばしてから硬化するとよい。

👑 トナカイフレームのネックレス

材料

● レジンパーツ
　ⒶUVレジン…太陽の雫 ハードタイプ[パジコ]
　　フレーム…トナカイ形の空枠（ゴールド）
　　封入パーツ…ホログラム（ホワイト）、雪の結晶のメタ
　　　ルパーツ（ゴールド）、穴なしパール（ホワイト）

道具

・基本の道具(P.10)
・平ヤットコ
・丸ヤットコ

● アクセサリーパーツ
Ⓑ淡水パール（5mm）…2個
Ⓒ石座付き雫形ストーン（12mm・ピンク）…1個
Ⓓリスのメタルパーツ（ゴールド）…1個
Ⓔとりのメタルパーツ（ゴールド）…1個
Ⓕ革ひもロー引き（1.2mm×80cm・ブラウン）…1本
Ⓖヒモ留め（ゴールド）…2個
ⒽTピン（0.6×20mm・ゴールド）…2個
ⒾCカン（0.7×3.5×4mm・ゴールド）…1個
Ⓙ丸カン（0.8×5mm・ゴールド）…2個

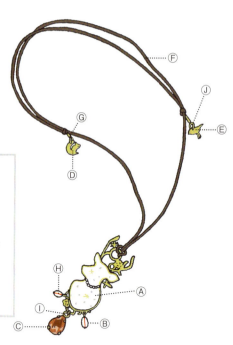

◆ 空枠を用意する → ◆ 空枠の底を作る →

1 空枠を作業用シートの上に置く。

2 UVレジンを流し、作業用シートごと斜めに傾けて底に広げる。UVライトを照射する（2分）。

> **フレームテク**
> **底を作る**
> うすくのばすときは筆を使わず斜めにして広げると気泡ができづらい。また、エンボスヒーターはマスキングテープの粘着力を弱めるので最初の底作りのときだけは使わないほうがよい。

◆ 仕上げ

3 UVレジンを流し、メタルパーツを入れる。

4 全体にホログラムを入れる。UVライトを照射する（2分）。

※ホログラムは垂直に調色スティックを持ち、UVレジンの中に沈める。

5 トナカイの首もとに筆でラインを引くようにUVレジンをつける。

Part 1 タイプ別レジンアクセサリー　フレーム

6 パールを並べ、UVライトを照射する（2分）。

━━━━━ ◆ 表側を整える ━━━━━

7 UVレジンをフレームのすりきりまで流し、筆で放射状に広げる。UVライトを照射する（2分）。

8 UVレジンをぷっくりするくらいまで流し、筆で放射状に広げる。UVライトを照射する（2分）

━━━━━ ◆ 裏側を整える ━━━━━

9 マスキングテープをはがし、裏側にUVレジンをうすく流す。UVライトを照射する（2分）。

> **フレームテク・**
> **裏側を整える**
> 高さのないフレームのレジンパーツは、シリコーン型やペットボトルのキャップなどの上に置き、作業シートから離して裏側にレジンを流す。こうすると、UVレジンが裏側からはみ出してしまっても表側に広がる可能性が低いのでリカバリーしやすい。

━━━━━ ◆ アクセサリーに仕上げる ━━━━━

10 革ひもの先をクロスし、輪を作る。

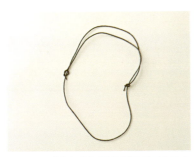

11 つけたときに長さ調整ができるように両端を結ぶ。

12 **9**の上部に**11**を通す。革ひもの先にヒモ留めをつけ（P.27）、メタルパーツと丸カンでつなぐ。

55

01〜05 レジンで作る 誕生石のネックレス

9月 サファイア
▶作り方は P.63

7月 ルビー
▶作り方は P.61

4月 ダイヤモンド
▶作り方は P.58

5月 エメラルド
▶作り方は P.63

6月 パール
▶作り方は P.59

8月 ペリドット
▶作り方は P.60

Part 1 タイプ別レジンアクセサリー

12カ月分の誕生石をイメージして作ったレジンパーツのペンダントトップが主役。色や封入パーツで石の雰囲気を出して。

型どり
2月 アメジスト
▶作り方は P.63

型どり
10月 オパール
▶作り方は P.60

型どり
11月 トパーズ
▶作り方は P.63

フレーム
1月 ガーネット
▶作り方は P.61

フレーム
12月 ターコイズ
▶作り方は P.58

型どり
3月 アクアマリン
▶作り方は P.62

01 4月 ダイヤモンド

型どり / フレーム

材料

- レジンパーツ
  ⒶUVレジン…太陽の雫 ハードタイプ[パジコ]
  フレーム…ラインストーン連爪（クリア）
- アクセサリーパーツ
  Ⓑワイヤーネックネジ式 ネックレス金具（ゴールド）…1個
  Ⓒバチカン（ゴールド）…1個
  Ⓓ石座（3×3mm・ゴールド）…1個

道具

- 基本の道具（P.10）
- ジュエルモールド（ストーン）[パジコ]
- 平ヤットコ
- 丸ヤットコ

✦ 空枠・空枠の底を作る

1 作業用シートの上に連爪を丸く置き、空枠を作る。UVレジンを流し、UVライトを照射する（2分）。

2 マスキングテープをはがし、裏側にうすくUVレジンを流す。UVライトを照射する（2分）。

> 裏側はマスキングテープのあとが残りやすいので、仕上げにうすくUVレジンを流すとツルツルになる。

✦ 型に流す

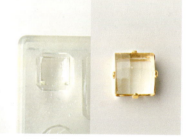

3 石の部分を作る。型にUVレジンを流し、UVライトを照射する（2分）。型からはずし、石座をつける（P.26）。

✦ 表面を整える

4 2の表側にすりきりまでUVレジンを流し、3をのせる。UVライトを照射する（4分）。

✦ アクセサリーに仕上げる

バチカン

5 ピンバイスでレジンパーツの上部に穴をあけ、バチカンを通す。バチカンにネックレス金具を通す。

12月 ターコイズ

- レジンパーツの材料
  着色料…宝石の雫（シアン、グリーン、ホワイト、ブラウン）
  フレーム…ラインストーン連爪（ターコイズ）
  革ひもネックレス（ホワイト）
  サテンリボン（12mm幅×4cm・水色）
  羽根
  バチカン（ゴールド）
  カンつきプレート（ゴールド）

1、2と同様に作る。着色レジンはシアン、グリーン、ホワイトを混ぜたものとブラウンでマーブル模様（P.16）にする。

Part 1 タイプ別レジンアクセサリー

02 6月 パール

フレーム

材料

● レジンパーツ
- ⒶUVレジン…太陽の雫 ハードタイプ[パジコ]
- 着色料…宝石の雫(ホワイト)[パジコ]
- フレーム…オーバルの空枠(シルバー)
- 封入パーツ…ボールチェーン(ゴールド)、二分竹ビーズ(シルバー)、穴なしパールビーズ(ホワイト)、コットンパール風ビーズ(ホワイト)、ビーズ(シルバー)、ブリオン(ゴールド)

● アクセサリーパーツ
- Ⓑパールネックレス(48cm・ホワイト)…1個
- Ⓒミニタッセル(ホワイト)…1個
- Ⓓ丸カン(0.6×3mm・ゴールド)…1個
- Ⓔ丸カン(0.7×5mm・ゴールド)…5個
- Ⓕ丸カン(1×8mm・ゴールド)…1個

道具
- 基本の道具(P.10)
- 平ヤットコ
- 丸ヤットコ
- ピンバイス

✦ 空枠の底を作る

1 作業用シートの上に空枠を置き、無着色レジンをうすく流して底を作る。UVライトを照射する(2分)。

2 マスキングテープをはがし、裏側にうすく無着色レジンを流す。UVライトを照射する(2分)。

✦ 封入する

3 表側にして、チェーンを2本斜めに置く。上側の枠にホワイトの着色レジンを流し、調色スティックで放射状に広げる。UVライトを照射する(4分)。

ボールチェーンが固定されるように、チェーンのぎりぎりまでスティックでのばす。

4 下側の枠にすりきりまで無着色レジンを流し、UVライトを照射する(2分)。

5 全体に無着色レジンを流し、残りの封入パーツを配置する。UVライトを照射する(4分)。

✦ アクセサリーに仕上げる

丸カン

6 5の上下にピンバイスで穴をあける。ネックレス、タッセルと丸カンでつなぐ。

03 8月 ペリドット

材料
- レジンパーツ
  - ⒶUVレジン…太陽の雫 ハードタイプ[パジコ]
    着色料…宝石の雫(グリーン、イエロー、ホワイト)
    フレーム…リングの空枠(ゴールド)
    封入パーツ…ラメ(グリーン、シルバー)、ラインストーン(イエロー)
- アクセサリーパーツ
  - Ⓑ石座(2×2cm・ゴールド)…1個
  - Ⓒベルベットのリボン(9mm幅×32cm・ベージュ)…1本
  - Ⓓ革ひもネックレス(35cm・ブラック)…1個
  - Ⓔ丸カン(1×8mm)…3個

道具
- 基本の道具(P.10)
- ソフトモールド(ダイヤカット)[パジコ]
- 平ヤットコ
- 丸ヤットコ
- ピンバイス

✦ 型に流す

型が浅いので1回ですりきりまで流してOK。

1 石の部分を作る。グリーンの着色料で着色レジンを作ったら、ラメを混ぜて型に流す。UVライトを照射する(3分)。

✦ 封入する・仕上げ

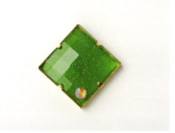

2 型からはずし、表面にUVレジンをつけたラインストーンをのせ、UVライトを照射する(2分)。石座につける(P.26)。

✦ 空枠の底を作る

空枠のぬけ落ち防止のため、空枠の上をおおうくらいまでUVレジンを広げる(P.53)。

3 作業用シートの上に空枠を置く。UVレジンをうすく流し、UVライトを照射する(2分)。マスキングテープをはがし、裏側も同様にする。

✦ 接着する

4 表側にすりきりまでUVレジンを流す。2を置き、UVライトを照射する(3分)。

✦ アクセサリーに仕上げる

5 4の上部にピンバイスで穴をあけ、丸カンを3つ連ねて通す。真ん中の丸カンにリボンを結び、ネックレスとつなぐ。

10月 オパール

- レジンパーツの材料
  着色料…宝石の雫(ブラウン)
  封入パーツ…ラメ(オーロラ)、京都オパール(パープル、グリーン)

ワイヤーネック ネジ式ネックレス金具(ゴールド)
バチカン(ゴールド)
カン付き石座(18×13mm・ゴールド)
Tピン(0.7×25mm・ゴールド)
ビーズ(10mm・イエロー)

1 と同様にして作る。型はジュエルモールドミニ(ジュエリーカット スクエア&オーバル)[パジコ]。

Part 1 タイプ別レジンアクセサリー

04　1月 ガーネット

フレーム

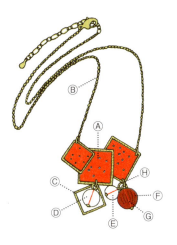

材料

● レジンパーツ
- Ⓐ UVレジン…太陽の雫 ハードタイプ[パジコ]
- 着色料…宝石の雫（レッド、イエロー、ホワイト）
- フレーム…スクエアの空枠（2×2cm・ゴールド、1.5×1.5cm・ゴールド）
- 封入パーツ…ブリオン（ゴールド、シルバー、ブラック）

● アクセサリーパーツ
- Ⓑ ネックレスチェーン（38cm・ゴールド）…1個
- Ⓒ スクエアの空枠（ゴールド）…1個
- Ⓓ コットンパール風ビーズ（10mm・ホワイト）…1個
- Ⓔ コットンパール風ビーズ（8mm・ホワイト）…1個
- Ⓕ ビーズ（12mm・レッド）…1個
- Ⓖ Tピン（0.7×25mm・ゴールド）…3個
- Ⓗ 丸カン（0.7×5mm・ゴールド）…5個

道具
- 基本の道具(P.10)
- ジュエルモールドミニ(ジュエリーカット スクエア＆オーバル)[パジコ]
- 平ヤットコ　・丸ヤットコ　・ニッパー　・ピンバイス

◆ 着色レジンを用意する →

1 レッドとイエローを混ぜたものとレッドで着色レジンを2色作る。

◆ 空枠の底を作る →

2 作業用シートの上に、空枠を置き、2色の着色レジンをうすく流す。UVライトを照射する（3分）。

◆ 封入する →

3 着色レジンを流してブリオンを入れ、UVライトを照射する（3分）。

◆ 仕上げ

1つずつ置いては照射し、かためていく。

4 裏返す。ホワイトの着色レジンを流してパーツを重ね、UVライトを照射する（4分）。3枚重ねたら、一番上のパーツに流して照射する（4分）。

◆ アクセサリーに仕上げる

5 ピンバイスで4カ所穴をあける。アクセサリーパーツと丸カンでつなぐ。

7月 ルビー

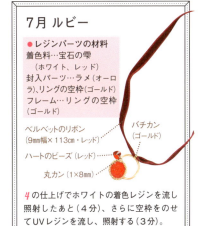

● レジンパーツの材料
着色料…宝石の雫（ホワイト、レッド）
封入パーツ…ラメ（オーロラ）、リングの空枠（ゴールド）
フレーム…リングの空枠（ゴールド）

ベルベットのリボン（9mm幅×113cm・レッド）
ハートのビーズ（レッド）
丸カン（1×8mm）
バチカン（ゴールド）

4 の仕上げでホワイトの着色レジンを流し照射したあと（4分）、さらに空枠をのせてUVレジンを流し、照射する（3分）。

05 3月 アクアマリン

型どり。

材料

●レジンパーツ
- ⓐUVレジン…太陽の雫 ハードタイプ[パジコ]
  着色料…宝石の雫(シアン、ホワイト)
  封入パーツ…ラメ(オーロラ)、ホログラム(オーロラ)、チェーン(9cm・アンティークゴールド)、フレーム付きハートのガラスストーンパーツ(レッド)…1個

●アクセサリーパーツ
- ⓑグログランリボン(10mm幅×24cm・グレー)…2本
- ⓒヒモ留め(ゴールド)…5個
- ⓓビーズ(6mm・水色)…10個
- ⓔテグス(2号・15cm)…1本
- ⓕボールチップ、つぶし玉(ゴールド)…各2個
- ⓖハートのアクリルビーズ(クリスタル)…1個
- ⓗビーズ(15mm・クリア)…1個
- ⓘサテンリボン(12mm幅×16cm、水色)…1本
- ⓙナスカン(ゴールド)…1個
- ⓚ9ピン(0.7×25mm)…1個
- ⓛ丸カン(0.7×5mm)…6個
- ⓜ丸カン(1×8mm)…2個

道具
- 基本の道具(P.10)
- ジュエルモールドミニ(ジュエリーカット スクエア&オーバル)[パジコ]
- 平ヤットコ
- 丸ヤットコ
- ニッパー
- ピンバイス

◆ 着色レジンに封入する → ◆ 型に流す → ◆ 封入する

チェーンはいったん巻いて配置を確認してからUVレジンを流す。

1 シアン、ホワイトの着色料を混ぜて着色レジンを作る。ラメ、ホログラムを入れる。

2 型に着色レジンを2回にわけて流し、UVライトを照射する(各3分ずつ)。

3 型からはずす。チェーンの配置を確認したら、外側にぐるっと無着色レジンを流してチェーンを置く。UVライトを照射する(2分)。

→ ◆ アクセサリーに仕上げる

4 無着色レジンをチェーンの上に流し、ハートのストーンパーツを置く。UVライトを照射する(3分)。

5 チェーンの穴の部分にピンバイスで穴をあけ、ハートのストーンパーツを丸カンでつなぐ。

6 ハートのストーンパーツ、9ピンを通したビーズ、ヒモ留めをつけたリボン(水色)を丸カンでつなぐ。

Part 1 タイプ別レジンアクセサリー

以下の4つのネックレスはすべて「3月 アクアマリン」と同じ要領で作れます。

2月 アメジスト

●レジンパーツの材料
着色料…宝石の雫(パープル)
封入パーツ…ラメ(オーロラ)、
丸い台座の空枠(アンティークゴールド)

*1〜3*と同様に作る。型はソフトモールド(ダイヤカット)[パジコ]を使用。*3*のチェーンのかわりに空枠の底にUVレジンを流し、型どりしたパーツをのせる。

11月 トパーズ

●レジンパーツの材料
着色料…宝石の雫(イエロー)
封入パーツ…ラメ(シルバー)、
チェーン(10.5cm・ゴールド)

*1〜3*と同様に作る。型はソフトモールド(ダイヤカット)[パジコ]を使用。

5月 エメラルド

●レジンパーツの材料
着色料…宝石の雫(グリーン)
封入パーツ…ラメ(シルバー)、
チェーン(6cm・ゴールド)

*1〜3*と同様に作る。型はジュエルモールド(ジュエリーカット ヘキサゴン)[パジコ]を使用。

9月 サファイア

●レジンパーツの材料
着色料…宝石の雫
(ブルー、ブラック)
封入パーツ…ラメ(シルバー)、
チェーン(5cm・ゴールド)

*1〜3*と同様に作る。型はソフトモールド(ダイヤカット)[パジコ]を使用。

7 テグスにボールチップとつぶし玉、ビーズを通して固定する(P.28)。

8 ヒモ留め、ナスカンをつけたリボン(グレー)と*7*を丸カンでつなぎ、ネックレスにする。ネックレスの中心に*6*を丸カンでつなぐ。

06 型どり。
いろいろパーツのクリアヘアゴム&ヘアピン
▶作り方は P.65

プレートやキューブの型に毛糸やスパンコールなどいろんなパーツを封入！ 型どりするだけで簡単、キュートなヘアアクセに変身。

Part 1 タイプ別レジンアクセサリー

06 いろいろパーツのクリアヘアゴム

型どり

材料

- レジンパーツ
  - ⒶUVレジン…太陽の雫 ハードタイプ[パジコ]
    着色料…宝石の雫(ホワイト)
    封入パーツ…毛糸
- アクセサリーパーツ
  - Ⓑヘアゴム金具

道具

- 基本の道具(P.10)
- ソフトモールド(丸プレート)[パジコ]
- 接着剤

✦ 型に流す

1 型にUVレジンを入れる。型を傾けて広げ、底を作る(P.32)。UVライトを照射する(2分)。

✦ 封入する

気泡ができやすいので、エンボスヒーターで消してからかためる。

2 型のすりきりまでUVレジンを流す。毛糸を入れ、UVライトを照射する(2分)。

✦ 裏側を整える

裏側に着色レジンを流す場合、型からはずしてから行うと表側に着色レジンが垂れない。

3 型からはずす。裏側にホワイトの着色レジンをうすく流す。UVライトを照射する(4分)。

✦ アクセサリーに仕上げる

4 3の裏側にヘアゴムの台座をつける(P.27)。

いろいろパーツのクリアヘアゴム＆ヘアピン

● 封入パーツ
スパンコール、2分丈ビーズ、毛糸

● 封入パーツ
スパンコール、2分丈ビーズ、金属片

● 封入パーツ
毛糸

封入パーツを変えてアレンジ。ヘアピンはヘアゴムの4と同様に台座にレジンパーツをつける。

65

07

キラキラ星のキューブピアス

▶作り方は P.68

星のスパンコールを封入したキューブのピアス。揺れるタイプのピアス金具で耳元をキラキラと演出します。

Part 1 タイプ別レジンアクセサリー

08 パズルピースのヘアピン

▶作り方は P.69

パズルピースをパステルカラーに塗ったら、ネイル用パーツやラメでガーリーに仕上げて。セットでつけるほか、色違いで重ねづけしても。

07 キラキラ星のキューブピアス

型どり。

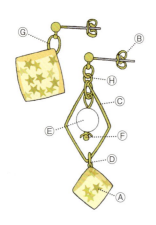

材料

- レジンパーツ
  - ⒶUVレジン…太陽の雫ハードタイプ[パジコ]
    封入パーツ…星のスパンコール(ゴールド)
- アクセサリーパーツ
  - Ⓑピアス金具(ゴールド)…1セット
  - Ⓒダイヤ形メタルフープ(ゴールド)…1個
  - Ⓓカン付き星のメタルパーツ(ゴールド)…2個
  - Ⓔシャイニーパール(5㎜・ホワイト)…1個
  - Ⓕデザインピン フラワー(0.6×30㎜・ゴールド)…1個
  - ⒼCカン(0.8×3.5×5㎜・ゴールド)…2個
  - Ⓗ丸カン(0.6×3㎜・ゴールド)…2個

道具

- 基本の道具(P.10)
- シリコーン型(キューブ)
- 平ヤットコ
- 丸ヤットコ

✦ 封入する・型に流す

1 調色パレットにUVレジンを入れ、スパンコールを入れて混ぜる。型に流し、UVライトを表側(3分)と裏側(2〜3分)に照射する。

✦ 型からはずし、表面を整える

表面がきれいであればやすりがけは不要。

2 型からはずし、やすりで表面を削って整える。

3 UVレジンをうすく流し、UVライトを照射する(2分)。これを6面とも行う。

✦ アクセサリーに仕上げる

4 3のカドにUVレジンをつけたカン付きのメタルパーツを置き、UVライトを照射する(2分)。

5 レジンパーツをCカン、丸カンでアクセサリー金具とつなぐ。

ARRANGE

ピアス金具(ゴールド)
丸カン(0.6×3㎜・ゴールド)
ワイヤーフープ(ゴールド)

フープタイプにアレンジ。レジンパーツを1〜4と同様にして作り、ワイヤーフープに通す。

Part 1 タイプ別レジンアクセサリー

08 パズルピースのヘアピン

コーティング

材料

- レジンパーツ
  - Ⓐ UVレジン…太陽の雫 ハードタイプ[パジコ]
  - コーティングパーツ…パズルピース
  - コーティングパーツ用着色料…マニキュア
    （ピンク、イエロー、グリーン、パープル、ホワイトラメ）
  - 封入パーツ…ネイル用シール（レース）

- アクセサリーパーツ
  - Ⓑ 皿付きヘアピン（アンティークゴールド）…4個

道具

- 基本の道具 (P.10)
- 接着剤

◆ コーティングパーツを作る

表面がぼってりするように塗るとかわいく仕上がる。

1 パズルピースにマニキュア（ピンク、イエロー、グリーン、パープル）を塗り、乾かす。

絵柄をつけるイメージで。好きなところに塗ればOK。

2 マニキュア（ホワイトラメ）を塗り、乾かす。

3 ネイル用シールをパズルピースに合わせて切り、貼る。

◆ コーティングする

4 UVレジンを流し、筆でのばす。

5 UVライトを照射する（3分）。

◆ アクセサリーに仕上げる

6 裏側に皿付きヘアピンをつける (P.27)。

09 コーティング

折り紙のゴールドピアス &リング

▶作り方は P.72

両面折り紙をリング形に折ってUVレジンでコーティングしたピアス。ゴールドなら渋くなりすぎず、モダンな雰囲気に。

Part 1 タイプ別レジンアクセサリー

10 コーティング。
アンティークチケットの
ネックレス

▶作り方は P.73

海外のおしゃれなペーパーチケットをクシャッと加工。UVレジンでコーティングすればアンティーク感のあるモチーフに。

09 折り紙のゴールドピアス

コーティング

材料

● レジンパーツ
　Ⓐ UVレジン…太陽の雫 ハードタイプ［パジコ］
　コーティングパーツ…両面折り紙（7.5×7.5・ゴールド×パープル）を2枚
　封入（接着）パーツ…チェーン（ゴールド）

● アクセサリーパーツ
　Ⓑ ピアス金具（ゴールド）…1セット
　Ⓒ コットンパール風ビーズ（8mm・ホワイト）…2個
　Ⓓ パイプビーズ（3cm・ブルー）…2個
　Ⓔ 9ピン（0.7×60mm・ゴールド）…2個
　Ⓕ Tピン（0.7×25mm・ゴールド）…2個
　Ⓖ 丸カン（0.7×5mm・ゴールド）…2個

道具

・基本の道具（P.10）
・丸ヤットコ
・平ヤットコ
・ニッパー
・ピンバイス
・クラフトのり

◆ コーティングパーツを作る

1 折り紙を写真のようにジグザグに折る。

2 内側をのりでとめる。

◆ コーティングする

3 輪にしてのりで貼る。乾いたら表面に筆でUVレジンを塗り、UVライトを照射する（2分）。

◆ アクセサリーに仕上げる

4 表面全体にUVレジンを塗り、チェーンを巻きつけて照射する（2分）。ピンバイスで穴をあけてTピンを通し、パールを通し、先を丸くする（P.25）。

5 9ピンにパイプビーズを通し、4とピアス金具を丸カンでつなぐ。

折り紙のゴールドリング

コットンパール風ビーズ（10mm・ホワイト）
リング台　丸皿（ゴールド）

折り紙の折り方を変えてリングにアレンジ。三角折りを3回山折りしたら、小さく谷折りし、UVレジンをつけて照射する（2分）。

Part1 タイプ別レジンアクセサリー

10 アンティークチケットのネックレス

コーティング

材料

- レジンパーツ
  - Ⓐ UVレジン…太陽の雫 ハードタイプ[パジコ]
    コーティングパーツ…海外の古紙チケット
- アクセサリーパーツ
  - Ⓑ チェーン（33cm・ゴールド）…2本
  - Ⓒ ナスカン（ゴールド）…1個
  - Ⓓ 丸カン（0.7×5mm・ゴールド）…6個
  - Ⓔ 丸カン（1×8mm・ゴールド）…1個

道具

- 基本の道具(P.10)
- 丸ヤットコ
- 平ヤットコ
- ピンバイス

✦ コーティングパーツを作る → ✦ コーティングする → ✦ アクセサリーに仕上げる

つまようじなどで押さえると塗りやすい。

1 古紙をクシャッとさせたら部分的に手で破る。

2 表側に筆でUVレジンをうすく塗る。UVライトを照射する（4分）。裏側も同様にする。

3 2の両端にピンバイスで穴をあけて丸カンをつける。

4 チェーンの先にナスカンと丸カンをつなぐ。3と丸カンでつなぐ。

73

11 型どり。
ダイヤモンドバッグチャーム
▶作り方は P.76

大きなダイヤモンド形のレジンパーツを主役に。アクリルビーズとつないで、透明感のある仕上がりに。

12 セッティング。
夜空のリボンネックレス
▶作り方は P.77

リボン形のミール皿の底をネイルカラーで着色。少量のUVレジンを流すだけでできる簡単アクセサリー。星のメタルパーツがアクセントに。

Part1 タイプ別レジンアクセサリー

14 フレーム

ガーランド風イヤーカフ

▶作り方は P.79

小さな三角形の空枠をフレームにして、ガーランドのようにつなげたイアカフス。華奢なデザインで大人っぽく。

13 セッティングアレンジ

ガラスドームのストールピン

▶作り方は P.78

ドームの中にソフトタイプのUVレジンをホログラムやビーズと一緒に流して。セッティング感覚で、幻想的な世界が広がります。

11 ダイヤモンドバッグチャーム

型どり。

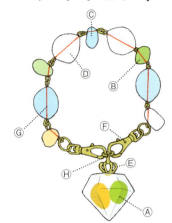

材料

● レジンパーツ
- Ⓐ UVレジン…UV-LEDレジン 星の雫ハード[パジコ]
  封入パーツ…クラック水晶ビーズ（イエロー、グリーン、ホワイト）

● アクセサリーパーツ
- Ⓑ クラック水晶ビーズ（イエロー、グリーン）…各2個
- Ⓒ クラック水晶ビーズ（ブルー）…1個
- Ⓓ アクリルビーズ（ブルー、クリア）…各2個
- Ⓔ カン付き王冠のメタルパーツ（ゴールド）…1個
- Ⓕ ナスカン（ゴールド）…2個
- Ⓖ 9ピン（0.5×25mm・ゴールド）…9個
- Ⓗ 丸カン（1.2×7mm・ゴールド）…3個

道具

- 基本の道具（P.10）
- ダイヤ形のシリコーン型
- 平ヤットコ、丸ヤットコ、ニッパー

✦ 封入する

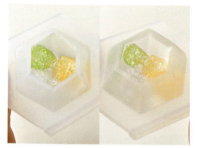

1 UVレジンを型の半分くらいまで流し、ビーズを入れる。さらにUVレジンをすりきりまで流し、UVライトを照射する（9分）。

✦ 型からはずす

2 底から押し出し、型からはずす。

✦ アクセサリーに仕上げる

3 2の上部にUVレジンを流し、カン付き王冠のメタルパーツを置く。UVライトを照射する（3分）。

4 チャーム部分を作る。ビーズに9ピンを通し、ビーズ同士をつなぐ。

5 ビーズの先にナスカンを丸カンでつなぐ。

6 3と5を丸カンでつなぐ。

Part 1 タイプ別レジンアクセサリー

12 夜空のリボンネックレス

セッティング

材料

● レジンパーツ
　ⒶUVレジン…太陽の雫 ハードタイプ[パジコ]
　　セッティング…リボン形のミール皿(ゴールド)
　　背景用着色料…マニキュア(パールブルー、ライトブルーラメ)
　　封入パーツ…星のスパンコール(ゴールド)

● アクセサリーパーツ
　Ⓑネックレスチェーン(38cm・ゴールド、シルバー)…1個
　Ⓒバチカン(ゴールド、シルバー)…1個

道具

・基本の道具(P.10)
・平ヤットコ
・丸ヤットコ

✦ 背景を作る →

1 ミール皿にマニキュアを塗り、乾かす。

✦ UVレジンを流す →

2 UVレジンをミール皿にすりきりくらいまで入れる。UVライトを照射する(2〜3分)。

✦ 封入する →

3 スパンコールを左右に1個ずつ入れる。ミール皿からぷっくりするくらいまでUVレジンを入れ、UVライトを照射する(2〜3分)。

✦ 表面を整える →

4 UVレジンをぷっくりするくらいまで流し、UVライトを照射する(2分)。

✦ アクセサリーに仕上げる

5 ミール皿にバチカンをつけ、ネックレスチェーンを通す。

ARRANGE

ミール皿とアクセサリー金具の色をシルバーに変えてアレンジ。

77

13 ガラスドームのストールピン

セッティングアレンジ

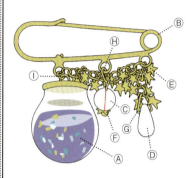

材料

●レジンパーツ
Ⓐ UVレジン…太陽の雫ソフトタイプ[パジコ]
着色料…宝石の雫(ピンク、ブルー)
封入パーツ…ホログラム(オーロラ)、穴なしガラスビーズ(クリア)
セッティング…ふた付きガラスドーム(直径2cm・クリア)

道具

・基本の道具(P.10)　・平ヤットコ
・丸ヤットコ　　　　・ニッパー

●アクセサリーパーツ
Ⓑ カン付きカブトピン(ゴールド)…1個
Ⓒ シャイニーパールビーズ(5mm・ホワイト)…1個
Ⓓ 樹脂パール ツユトップホール(6×10mm・ホワイト)…1個
Ⓔ 星付きチェーン(2cm、1cm・ゴールド)…各1個
Ⓕ デザインピン フラワー(0.6×30mm・ゴールド)…1個
Ⓖ 三角カン(0.6×5×5mm・ゴールド)…1個
Ⓗ Cカン(0.8×3.5×5mm・ゴールド)…2個
Ⓘ 丸カン(0.6×3mm・ゴールド)…3個

✦ 封入する・UVレジンを流す

ドームをマスキングテープで固定して回しながら照射し、着色レジンが側面につくように仕上げる。

1 ピンクとブルーの着色料とホログラム、ビーズを混ぜる。ドームの3分目くらいまで着色レジンを流し、UVライトを照射する(2〜3分)。

2 1の着色レジンにピンクの着色料を少し混ぜる。1と同様にドームに流し、UVライトを照射する(2〜3分)。

3 無着色レジンをドームの8分目くらいまで流し、UVライトを照射する(4分)。ふたを接着剤でつける。

✦ アクセサリーに仕上げる

4 ビーズにデザインピンを、樹脂パールに三角カンをつける。カブトピンにビーズをCカンでつける。

5 カブトピンの両端に星付きチェーン(2cm)を垂れるように丸カンでつなぐ。右のカンに、星付きチェーン(1cm)を垂れるように丸カンでつなぐ。

6 チェーンの先に樹脂パールを丸カンで、左のカンに3をCカンでつなぐ。

14 ガーランド風イヤーカフ

フレーム

材料

● レジンパーツ
- Ⓐ UVレジン…太陽の雫 ハードタイプ[パジコ]
  着色料…宝石の雫(ピンク、ブルー)
  フレーム…三角の空枠(ゴールド)
  封入パーツ…ホログラム(オーロラ)、チョウチョウのホログラム(オーロラ)

● アクセサリーパーツ
- Ⓑ ピアス金具(ゴールド)…1個
- Ⓒ ノンホールピアス金具(ラインストーン付き・クリア)…1個
- Ⓓ 丸カン(0.6×3mm・ゴールド)…5個

道具
・基本の道具(P.10)
・平ヤットコ
・丸ヤットコ
・ニッパー
・ピンバイス

◆ 着色レジンを用意する →

1 ピンクとブルーを混ぜた着色レジンにホログラムを入れたものと、無着色レジンにホログラムを入れたものを用意する。

◆ フレームに流す →

2 4つのうちの3つの空枠に**1**を流し、UVライトを照射する(2分)。

◆ 封入する →

3 残りの1つには無着色レジンを流してチョウチョウのホログラムを入れる。UVライトを照射する(2分)。

◆ 表面を整える →

空枠からはずれないように、枠の上にもかかるように流す。

4 **2**と**3**にぷっくりするくらいまでUVレジンを流し、UVライトを照射する(2～3分)。

5 マスキングテープをはがし、裏側にUVレジンをうすく流す。UVライトを照射する(2～3分)。

◆ アクセサリーに仕上げる

丸カン

6 レジンパーツにピンバイスで穴をあけ、丸カンを通してつなぐ。両端にピアス金具を丸カンでつなぐ。

15 フレーム

ゆめかわハートの キーピアス

▶作り方は P.81

キュートな魔法にかかりそうな ハート形ピアス。ラメやホログラム、ラインストーンをたっぷり封入してとことんキラキラに。

Part1 タイプ別レジンアクセサリー

15 ゆめかわハートのキーピアス

フレーム

材料

● レジンパーツ
Ⓐ UVレジン…太陽の雫 ハードタイプ[パジコ]
フレーム…ハートの鍵フレーム(ゴールド)、羽根のフレーム(ゴールド)
封入パーツ…ラメ(ブルー、ホワイト)、ホログラム(ブルー、ホワイト)、乱切りホログラム(ブルー、ホワイト)、6連星のメタルパーツ(ラインストーン入り・ゴールド)、台座付きビジュー(クリア)、十字架のメタルパーツ(ゴールド)、ラインストーン(ミルキー)、月のメタルパーツ(ラインストーン入り・ゴールド)

● アクセサリーパーツ
Ⓑ ピアス金具(ゴールド)…1セット
Ⓒ スワロフスキー(6mm・ローズ)…2個
Ⓓ 9ピン(3×30mm・ゴールド)…2個
Ⓔ 丸カン(0.7×4mm・ゴールド)…2個

道具
・基本の道具(P.10)
・平ヤットコ
・丸ヤットコ
・ニッパー

◆ 空枠(ハート)の底を作る →

1 空枠を作業用シートに置く。UVレジンを流し、調色スティックでふちまで放射状に広げる。UVライトを照射する(3分)。

◆ 封入する →

大きなラメやホロは調色スティックの先にレジンをつけ、くっつけて入れると簡単。

2 UVレジンを9分目まで流し、ラメ、ホログラムをすきまなくのせる。UVライトを照射する(3分)。

◆ 表面を整える →

3 UVレジンをぷっくりするくらいまで流し、放射状に広げる。UVライトを照射する(3分)。

◆ 空枠(羽根)に流す →

4 羽根の空枠も1〜3と同様に、ラメ(ホワイト)、ホログラム(ホワイト)を入れて作る。

◆ 接着する →

5 3にUVレジンをつけたメタルパーツ、ラインストーンをのせる。根元にUVレジンを流し、4をつける。UVライトを照射する(2分)。

◆ アクセサリーに仕上げる

6 5を裏側にし、全体にUVレジンを流し、照射する(2分)。アクセサリー金具とつなぐ。

81

バタフライネックレス&ピアス

▶作り方は P.83

チョウチョのイラストを布にプリントしたものをレジンでコーティング。パステルカラーの組み合わせでガーリーに。

Part 1 タイプ別レジンアクセサリー

16 バタフライネックレス

コーティング

材料

● レジンパーツ
- ⒶUVレジン…太陽の雫 ソフトタイプ［パジコ］
- コーティングパーツ…イラスト（チョウチョウ）を布にプリントしたもの

● アクセサリーパーツ
- Ⓑコットンパール（8mm、12mm・キスカ）…各6個
- Ⓒマグネットホック（ゴールド）…1セット
- Ⓓビーズ（6mm・クリア）…4個
- Ⓔシャネルストーン（4mm・クリア）…2個
- Ⓕシャネルストーン（4mm・パープル）…4個
- Ⓖ菊座（8mm、12mm・ゴールド）…各12個
- Ⓗ9ピン（0.7×20mm・ゴールド）…16個
- Ⓘ丸カン（0.6×3.5mm・ゴールド）…4個

道具
- 基本の道具（P.10）
- 丸ヤットコ
- 平ヤットコ
- ニッパー
- ピンバイス

◆ コーティングパーツを作る →　◆ コーティングする

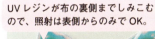

UVレジンが布の裏側までしみこむので、照射は表側からのみでOK。

1 イラストを布にプリントし、形にそって切る。チョウチョウ（大）を3個、チョウチョウ（小）を2個、チョウチョウ（中）を1個作る。

2 チョウチョウ（大、中）の表面にUVレジンをたっぷりつける。布にしみこむまで待ち、UVライトを照射する（3分）。これを各4個分行う。

3 チョウチョウ（小）は中心で2つ折りにし、真ん中にUVレジンを垂らす。ピンセットで持ちながらUVライトを照射する（3分）。

→　◆ アクセサリーに仕上げる

バタフライピアス
- ピアス金具（ゴールド）
- 丸カン（0.6×3.5mm・ゴールド）
- チェーン（13cm・ゴールド）
- スワロフスキー（#6428 クリスタルAB）
- 三角カン（0.6×5×5mm・ゴールド）
- 雫形ビーズ（8mm・クリア）

4 チョウチョウ（小）の一方の羽にUVレジンを流し、UVライトを照射する（3分）。もう一方の羽も同様に行う。これを2個分行う。

5 2、4を配置して接着剤でとめる。両端にピンバイスで穴をあける。パールネックレスを作り、丸カンでつなぐ。

チョウチョウ（中、小）を使ってピアスに。（小）は作り方4のとき、中心で折らずにかためる。

17 フレーム

ワイヤーフレームの風船ブローチ&ピアス

▶作り方は P.86

ワイヤーで作った風船形のフレームにUVレジンを流してセットアクセサリーに。つけるとゆらゆら揺れてとってもキュート。

Part1 タイプ別レジンアクセサリー

型どり。

1粒鉱石の
ピアス&イヤーカフ

▶作り方は P.88

触るとプニプニと柔らかいグミータイプの
UVレジンで作りました。鉱石風のデザイ
ンと華奢なチェーンで上品に。

ワイヤーフレームの風船ブローチ

`フレーム`

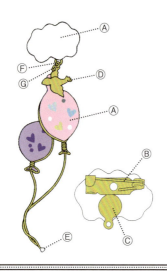

材料

● レジンパーツ
Ⓐ UVレジン…UV-LEDレジン 星の雫ハードタイプ[パジコ]
着色料…宝石の雫(ピンク、パープル)[パジコ]
フレーム…アーティスティックワイヤーディスペンサー(#26・ゴールド)で作った風船の空枠
封入パーツ…ホログラム(ハート、丸・オーロラ)

● アクセサリーパーツ
Ⓑ ブローチ金具(ゴールド)…1個
Ⓒ カン付きプレート(ゴールド)…1個
Ⓓ カン付きことりのメタルパーツ(ゴールド)…1個
Ⓔ ビーズ(2mm・ホワイト)…1個
Ⓕ 丸カン(0.6×3mm・ゴールド)…2個
Ⓖ 丸カン(0.8×5mm・ゴールド)…1個

道具 ・基本の道具(P.10) ・ジュエルモールドミニ(パーツ)[パジコ]
・丸ヤットコ ・平ヤットコ ・ニッパー ・接着剤 ・ペン

◆ 空枠を作る

1 ワイヤーを25cmくらいに切る。片方を5cmくらい残してペンに巻きつけ、4回ほどねじる。

2 ワイヤーの端を平ヤットコで三角形に折る。1で残しておいた端を三角形のつけ根に巻いてとめる。

3 端を2回ほどねじったら上へ折り上げ、同様にもう1つ風船形の空枠を作る。

◆ 着色レジンを用意する   ◆ 着色レジンを流す

4 ピンク、パープルの着色料で着色レジンを2色作る。

5 空枠の底にテープをしっかり貼り、ピンクの着色レジンを流す。うすく広げたら、中央にUVレジンを流す(P.34の**8**参照)。

着色レジンはワイヤーをねじった部分がこぼれやすいので、風船の上部から下に向かって流し、調色スティックで少しずつ下に向かって広げる。

6 調色スティックで境界線をなじませ、すぐにUVライトを照射する(2分)。

UVレジンがこぼれる前にすぐに硬化する。

Part 1 タイプ別レジンアクセサリー

◆ 封入する

7 無着色レジンを フレームのすりきりまで流し、ホログラム（ハート、丸）を置く。UVライトを照射する（2分）。

◆ 表面を整える

8 無着色レジンをぷっくりするくらいまで流す。風船の下の三角の部分にもピンクの着色レジンをちょんとのせ、UVライトを照射する（2分）。パープルも同様に仕上げる。

9 テープをはがし、2つの風船の裏側に無着色レジンをうすく流す。UVライトを照射する（2分）。

10 ピンクの風船の上部に無着色レジンを塗り、モールドで作ったカンをつける（P.34）。

◆ 雲のレジンパーツを作る

11 「目玉焼きのアクセサリーセット」（P.100）の **2**、**3** と同じ要領で着色レジン（ホワイト）で雲の形を作る。

◆ アクセサリーに仕上げる

12 裏側にブローチ金具とカン付きプレートをつける（P.27）。

13 **10** と **12** を丸カン2個でつなぐ。上の丸カンにことりのメタルパーツをつなぐ。風船の先にビーズをUVレジンでつける（1分）。

ワイヤーフレームの風船ピアス

〈カンの作り方〉

着色レジンの色をイエローグリーンに変えて、ピアスにアレンジ。ピアスのカンになる部分は、目打ちなどに巻きつけて作り①、その後丸く風船の空枠を作る②。

ピアス金具（ゴールド）

18　1粒鉱石のピアス&イヤーカフ

型どり。

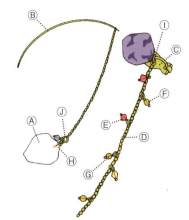

材料

● レジンパーツ
Ⓐ UVレジン…太陽の雫 グミータイプ、ハードタイプ [パジコ]
着色料…宝石の雫（パープル、ホワイト、偏光パール）
封入パーツ…ラメ（ホワイト）、ホログラム（ホワイト）

道具

- 基本の道具（P.10）
- ソフトモールド（キューブ）[パジコ]
- カッター
- 平ヤットコ
- 丸ヤットコ
- ニッパー
- ピンバイス
- 接着剤

● アクセサリーパーツ
Ⓑ アメリカンピアス（ゴールド）…1個
Ⓒ イヤーカフ金具（ゴールド）…1個
Ⓓ チェーン（7cm・ゴールド）…1個
Ⓔ ビーズ（スワロフスキー#5328ルビー、パパラチア、ブルージルコン、ジョンキル）…各1個
Ⓕ ビーズ（3mm・ゴールド）…3個
Ⓖ Tピン（0.7×20mm・ゴールド）…7個
Ⓗ ヒートン（0.6×3mm、差しこみ部分0.8mm・ゴールド）…1個
Ⓘ Cカン（0.45×3.5×3mm・ゴールド）…1個
Ⓙ 丸カン（0.6×3.5mm・ゴールド）…3個

◆ 着色レジンを用意する　→　◆ 型に流す

1 パープル、ホワイト、偏光パールの着色料で着色レジン（グミータイプ）を3色作る。

クリアファイルを切ったものをかぶせて硬化すると、表面が平らな状態で硬化できる。

2 偏光パールの着色レジンをすりきりまで流す。UVライトを照射する（5分）。

3 型からはずす。

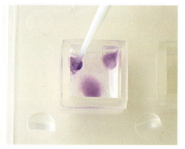

4 ホワイトの着色レジンを型の半分くらいまで流したら、パープルの着色レジンをドット柄に垂らす。

5 調色スティックで軽く混ぜ、マーブル模様にする（P.16）。UVライトを照射する（3分）。

グミータイプはかたまりにくいので2回にわけて流し、そのつど照射する。

6 4、5を2回繰り返し、型のすりきりまでホワイト、パープル着色レジンを流す。

Part 1 タイプ別レジンアクセサリー

7 クリアファイルでふたをし、UVライトを照射する（4分）。

8 型からはずす。

◆ 形を鉱石風にする

9 カッターで *3* をランダムに切る。

10 *8* も *9* と同様に切る。

◆ 表面を整える

11 表面に無着色レジン（ハードタイプ）を流し、UVライトを照射する（3分）。

◆ アクセサリーに仕上げる

12 *11* のパールのレジンパーツの上部にピンバイスで穴をあけ、ヒートンをつける（P.26）。UVライトを照射する（2分）。

13 *11* のパープルのレジンパーツにイアーカフ金具の台座をつける（P.27）。

14 *12* をアメリカンピアスと丸カンでつなぐ。*13* のイアーカフ金具にチェーンを丸カンでつなぐ。ビーズ類にTピンを通し、それぞれチェーンとつなぐ。

89

19 コーティング

メタルチェーンバレッタ

▶ 作り方は P.92

チェーンをUVレジンでコーティングしたバレッタ金具。色数をしぼってモードなデザインに。

20 フレーム。
アンティークフレームの
ネックレス

▶作り方は P.93

アンティークな空枠にコラージュフィルムやミニリングを封入。落ち着いたデザインながら遊び心をプラス。

19 メタルチェーンバレッタ

コーティング。

材料

- レジンパーツ
  - ⒶUVレジン…太陽の雫 ハードタイプ[パジコ]
  - コーティングパーツ…チェーン（7×7.5㎜を4本・シルバー）
  - 封入パーツ…脚付きボタン（ブラック、ブラック×ゴールド、ホワイト×ゴールド、シルバー、チタン）

- アクセサリーパーツ
  - Ⓑバレッタ金具（シルバー）…1個

道具
・基本の道具（P.10）
・接着剤

◆ コーティングする → ◆ 封入する → ◆ アクセサリーに仕上げる

1 作業シートの上にチェーンを並べる。UVレジンを全体に流し、UVライトを照射する（2分）。

ボタンの足はニッパーで切ってつける。

2 UVレジンを全体に流してボタンを置き、UVライトを照射する（3分）。

3 2にバレッタ金具の台座をつける（P.27）。

ARRANGE

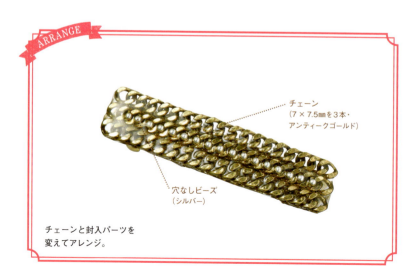

チェーン（7×7.5㎜を3本・アンティークゴールド）

穴なしビーズ（シルバー）

チェーンと封入パーツを変えてアレンジ。

Part 1 タイプ別レジンアクセサリー

20 アンティークフレームのネックレス

フレーム

材料

● レジンパーツ
Ⓐ UVレジン…太陽の雫ハードタイプ[パジコ]
着色料…宝石の雫（ホワイト、ブラウン）
フレーム…オーバル形の空枠（シルバー）
封入パーツ…ラメ（シルバー）、ラインストーン連爪（クリア）、穴なしビーズ（シルバー）、二分竹ビーズ（シルバー）、英文字コラージュフィルム

● アクセサリーパーツ
Ⓑ グログランリボン（10mm幅×21cm・ブラウンとベージュのバイカラー）…2本
Ⓒ カン付きプレート（シルバー）…2個
Ⓓ ヒモ留め（シルバー）…4個
Ⓔ ナスカン（シルバー）…1個
Ⓕ 丸カン（0.7×5mm・シルバー）…4個
Ⓖ 丸カン（0.7×8mm・シルバー）…1個

道具
・基本の道具(P.10)
・丸ヤットコ
・平ヤットコ
・接着剤

✦ 着色レジンを用意する →

1 ホワイト、ブラウンの着色料で着色レジンを2色作る。

✦ 空枠の底を作り、着色する →

ホワイトを入れたら左側のスペースに流れないよう一度照射する（4分）。

2 無着色レジンを流して照射し（2分）、空枠の底を作る。連爪を縦に置き、ホワイトの着色レジンを流して照射する（4分）。ブラウンも同様にする。

✦ 封入する →

3 フィルムを右側のスペースに合わせて切り、配置する。左側にはラメ、ビーズを封入し、全体に無着色レジンを流して照射する（2分）。

✦ 表面を整える →

4 UVレジンを表面がぷっくりするくらいまで流し、UVライトを照射する（3分）。裏側にもうすくUVレジンを流して照射する（3分）。

✦ アクセサリーに仕上げる

5 裏側にカン付きプレートをつける（P.27）。リボンにヒモ留めをつけ（P.27）、レジンパーツとそのほかのアクセサリー金具をそれぞれ丸カンでつなぐ。

ARRANGE

グログランリボン（10mm幅×17cmを2本・ブラウン）
リボン留め（ゴールド）
チェーン（4cm・ゴールド）
ヒートン（ゴールド）
オーバルの空枠（ゴールド）
リングパーツ（アンティークゴールド）

チュールを封入し、中央にミニリングパーツをUVレジンで立たせつけ、かためる（3分）。ネックレスのパーツをゴールドに変え、同様に仕上げる。

21 コーティング。
紫陽花のネックレス＆イヤーカフ

▶作り方は P.96

紫陽花のプリザーブドフラワーをUVレジンでコーティング。アンティーク調の風合いでフェミニンなデザイン。

Part 1 タイプ別レジンアクセサリー

22 型どり。
バンビのブローチ
▶作り方は P.97

UVレジンをバンビの形に型どり。パールやドライフラワー、かわいいメタルパーツを封入してメルヘンに。

23 セッティング。
アンティークキーのブローチ
▶作り方は P.98

アンティークゴールドの鍵のミール皿に、何層にもUVレジンを流したブローチ。銀河のような幻想的なデザインです。

21 紫陽花のネックレス

コーティング。

材料

- レジンパーツ
  - ⒶUVレジン…太陽の雫 ソフトタイプ、ハードタイプ［パジコ］
  - コーティングパーツ…紫陽花のプリザーブドフラワー
  - 封入パーツ…シュガーパール（ホワイト）、ラメ（ホワイト）
- アクセサリーパーツ
  - Ⓑネックレスチェーン（44cm・ゴールド）…1個
  - Ⓒカン付き台座（クリア）…2個
  - Ⓓ丸カン（0.7mm×4mm・ゴールド）…2個

道具
- 基本の道具（P.10）
- 丸ヤットコ
- 平ヤットコ

◆コーティングする

1 ドライフラワーの上にUVレジン（ソフトタイプ）を流し、筆で広げる。UVライトを照射する（3分）。これを2回繰り返し、計19枚作る。

◆形を作る

両端の位置を決め、中央を埋めるような感じで置くとよい。

2 クリアファイルにUVレジン（ハードタイプ）を流す。1を置き、形を決めて照射する（3分）。

◆封入する

3 隙間にUVレジンを流して立体的に形を作っていく。UVライトを照射する（3分）。

裏側からも照射し、レジンパーツをしっかり硬化する。

4 パールを置くところにUVレジン（ハードタイプ）を流し、ラメをふりかける。パールを置き、UVライトを照射する（3分）。

◆アクセサリーに仕上げる

5 裏側にし、両端にカン付き台座をつける（P.27）。チェーンと4を丸カンでつなぐ。

紫陽花のイヤーカフ

イヤーカフ金具（ゴールド）

ネックレスと同様に作ったレジンパーツを透かし台座につけてイヤーカフにアレンジ。

Part 1 タイプ別レジンアクセサリー

22 バンビのブローチ

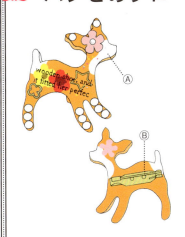

材料

- レジンパーツ
  Ⓐ UVレジン…太陽の雫 ハードタイプ [パジコ]
  着色料…カラーリングパウダー (パールタイプ・ブラウン) [アンジュ]
  封入パーツ…ラメ (イエロー)、ホログラム (イエロー)、穴なしパール (ホワイト)、星のメタルパーツ (ゴールド)、四葉のメタルパーツ (ゴールド)、花のプラパーツ (ピンク)、こでまりの押し花 (ピンク、イエロー)、英文字のデザインシート

- アクセサリーパーツ
  Ⓑ ウラピン (ゴールド)…1個

道具
・基本の道具 (P.10)
・バンビ形のシリコーン型

型どり。

◆ 型に流す

1 型に無着色レジンを半分くらいまで流し、花のプラパーツ以外の封入パーツをすべて入れる。UVライトを照射する (3分)。

2 カラーリングパウダーで着色レジンを作り、しっぽ、口元以外に流す。量は型の6分目くらいまで。

3 しっぽと口元に無着色レジンを流す。着色レジンとの境目を調色スティックでなじませる。UVライトを照射する (3分)。

◆ 表面を整える　◆ アクセサリーに仕上げる

4 無着色レジンをすりきりまで流し、UVライトを照射する (3分)。

5 型からはずし、表面に無着色レジンをぷっくりするくらいまで流す。耳のつけねに花のプラパーツを置き、UVライトを照射する (3分)。

針にはUVレジンがつかないように注意。

6 裏側にUVレジンを流し、全体に広げる。ウラピンを置きUVライトを照射する (3分)。

23 アンティークキーのブローチ

セッティング。

材料

● レジンパーツ
　ⒶUVレジン…太陽の雫ハードタイプ[パジコ]
　　着色料…宝石の雫(パープル、シアン)、ピカエース(ブラック、エフェクトフレークアクア)、ジェルネイル用のカラーリングパウダー(ブルー)
　　セッティング…鍵のミール皿(アンティークゴールド)
　　封入パーツ…ラメ(ブルー、パープル)、エフェクトフレーク(アクア)、チョウチョウのメタルパーツ、フラワーのメタルパーツ、ブリオン(ゴールド)、時計の歯車、スワロフスキークリスタル(#1028クリスタルAB、#1028アクアマリン)

● アクセサリーパーツ
　Ⓑカブトピン3カン付き(アンティークゴールド)…1個
　Ⓒカン付き星のメタルパーツ(アンティークゴールド)…1個
　Ⓓゼンマイのメタルパーツ(アンティークゴールド)…1個
　Ⓔチェーン(14cm・アンティークゴールド)…1個
　Ⓕ甲丸Cカン(1.2×3.7×5.5mm)…1個
　ⒼCカン(0.7×3.5×4.5mm)…3個
　ⒽCカン(0.8×3.5×5mm)…1個

道具

・基本の道具(P.10)
・平ヤットコ
・丸ヤットコ
・ニッパー
・ピンバイス

◆ 着色レジンを用意する →　◆ 背景を作る

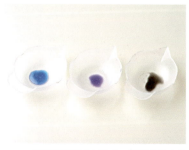

1 宝石の雫(シアン)、宝石の雫(パープル＋シアン)、ピカエース(ブラック)で3色の着色レジンを作る。

2 ミール皿のふちにブラックの着色レジンを流したら、中央に無着色レジンを流す。UVライトを照射する(3分)。

3 カラーリングパウダーをじかづけし(P.17)、中央にピカエースを重ねる。ふちからブラック、パープルシアンの着色レジンを流し、照射する(3分)。

98

Part 1 タイプ別レジンアクセサリー

✦ 封入する

フラワーのメタルパーツは中心にスワロフスキーをUVレジンでつける。

4 チョウチョウのメタルパーツ、フラワーのメタルパーツに無着色レジンでつけて置き、UVライトを照射する（3分）。

5 無着色レジンを6分目くらいまで流し、ブリオンを入れてUVライトを照射する（2分）。

6 ラメ入りの無着色レジンを8分目くらいまで流し、エフェクトフレークをふちにそって入れる。UVライトを照射する（2分）。

7 時計の歯車を入れる。無着色レジンを流し、UVライトを照射する（2分）。

スワロフスキーが固定される程度に仮硬化すればOK。

8 ピンバイスで2カ所に穴をあける。穴にUVレジンをつけ、スワロフスキーを置く。UVライトを照射する（1分）。

✦ アクセサリーに仕上げる

9 UVレジンを表面がぷっくりするくらいまで流し、UVライトを照射する（3分）。カブトピンに星のメタルパーツとCカンでつなぐ。そのほかのアクセサリーパーツをつなぐ。

ARRANGE

●封入パーツ
シェルフレーク（水色）、星のメタルパーツ（ゴールド）、バラのメタルパーツ（レッド、パープル）

木馬のメタルパーツ（アンティークゴールド）

着色料をピンクに変えて。封入パーツとアクセサリーパーツにも少し変化をつけてアレンジ。

目玉焼きのアクセサリーセット
（ネックレス、ピアス、リング）

型どりアレンジ。

▶作り方は P.101

黄身と白身がぷっくりと膨らんで、まるで本物みたいな目玉焼きのアクセサリー。調色スティックを使って絵を描くように形を作ります。

Part 1 タイプ別レジンアクセサリー

24 目玉焼きのネックレス

型どりアレンジ

材料

- レジンパーツ
  - ⒶUVレジン…太陽の雫 ハードタイプ [パジコ]
    着色料…宝石の雫 (ホワイト、イエロー) [パジコ]
- アクセサリーパーツ
  - ⒷチェーンI(45cm・ゴールド)…1個
  - Ⓒヒキワ (ゴールド)…1個
  - Ⓓアジャスター (50mm・ゴールド)…1個
  - Ⓔカン付きプレート (ゴールド)…1個
  - Ⓕバチカン (ゴールド)…1個
  - Ⓖ丸カン (0.6×3mm・ゴールド)…2個

道具

- 基本の道具 (P.10)
- 平ヤットコ
- 丸ヤットコ

✦ **着色レジンを用意する** →

1 ホワイトとイエローの着色料で着色レジンを2色作る。

✦ **形を作る** →

これが白身の形になる。いびつなほうがリアリティが出る。

2 シリコーンマットをしき、調色スティックでホワイトの着色レジンを広げ、形を作っていく。UVライトを照射する (3分)。

外に広がりすぎないように**2**の範囲よりも少し内側に流す。

3 **2**の上にホワイトの着色レジンを流す。UVライトを照射する (3分)。これを2～3回行い、立体感を出す。

→

裏側からも照射するとよい。

4 イエローの着色レジンを**3**と同様に丸く流し、UVライトを照射する (3分)。これを2回繰り返し、無着色レジンを流して照射する (3分)。

✦ **アクセサリーに仕上げる**

5 裏側にプレートを接着剤でつけ、ジェッソを塗って1日乾かす。ホワイトの着色レジンを流し照射する (3分)。チェーンを通す。

目玉焼きのピアス、リング

- ピアス金具 (アンティークゴールド)
- 丸カン (0.7×4mm・アンティークゴールド)
- Cカン (0.8×3.5×5mm・アンティークゴールド)
- スプーンのメタルパーツ (アンティークゴールド)
- リング台 丸皿付き (シルバー)
- フォークのメタルパーツ (アンティークゴールド)

リングとピアスにアレンジ。

101

小さな森のイヤーカフ

▶作り方は P.104

半球の型にチョウチョウのデザインシートを封入。耳にそうようにモスと花のビーズをあしらえば小さな森のできあがり。

Part 1 タイプ別レジンアクセサリー

26 コーティング フレーム

アニマルフォトの
パールブレスレット

▶作り方は P.105

シマウマ、ゾウの写真をコーティングした
大ぶりのレジンパーツが主役。コットンパー
ル風ビーズでエレガントに。

25 小さな森のイヤーカフ

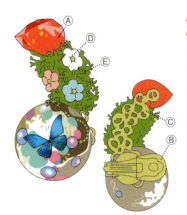

材料

● レジンパーツ
　Ⓐ UVレジン…太陽の雫 ハードタイプ[パジコ]
　着色料…宝石の雫(ピンク)
　封入パーツ…ラメ(ピンク、イエロー)、ホログラム(ピンク、イエロー)、穴なしパール(オーロラ)、ガラス粒(エメラルドグリーン)、デザインシート(チョウチョウ)、モス(ホワイト)

● アクセサリーパーツ
　Ⓑ イヤリング金具(ゴールド)…1セット
　Ⓒ 透かしパーツ(ゴールド)…1個
　Ⓓ 花のプラパーツ(ピンク、ブルー、ホワイト)…各1個
　Ⓔ モス(グリーン)…適量

道具

・基本の道具(P.10)
・ソフトモールド(半球)[パジコ]
・ソフトモールド(ダイヤカット)[パジコ]
・接着剤

◆型に流す

1 型(半球)に無着色レジンを半分まで流し、封入パーツ(チョウチョウのシート、ホログラム、ラメ、ガラス粒、パール、モスの順)を入れて照射する(2分)。

2 無着色レジンをすりきりまで流し、UVライトを照射する(2〜3分)。

3 ピンクの着色料で着色レジンを作り、型(ダイヤカット)にすりきりまで流す。ホログラムを入れてUVライトを照射する(2〜3分)。

◆アクセサリーに仕上げる

モスは透かしパーツが隠れる程度に、2回にわけてのせてかためる。

4 透かしパーツの両端に無着色レジンを流し、**2**と**3**を置いて照射する(2分)。中央にも無着色レジンを流してモスを置き、照射する(3分)。

裏側からもUVライトを照射する(2〜3分)。

5 モスの上にUVレジンをつけた花のプラパーツを置き、UVライトを照射する(2分)。裏側にイヤリング金具をつける(P.27)。

ARRANGE

ソフトモールド(ダイヤカット)[パジコ]で型どりするレジンパーツの色をチェンジ。着色料は宝石の雫(オレンジ)[パジコ]。

Part 1 タイプ別レジンアクセサリー

26 アニマルフォトのパールブレスレット

コーティング。 フレーム。

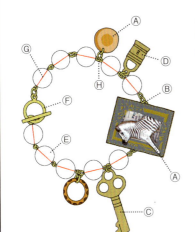

材料

● レジンパーツ
- Ⓐ UVレジン…太陽の雫 ハードタイプ［パジコ］
- コーティングパーツ…写真用紙にプリントしたシマウマ、ボタン、英字新聞、マスキングテープ（ボタン、英字新聞の裏地用）
- フレーム…木製風の空枠（ゴールド）

● アクセサリーパーツ
- Ⓑ カン付きプレート（ゴールド）…2個
- Ⓒ 鍵のメタルパーツ（アンティークゴールド）…1個
- Ⓓ カン付き錠のメタルパーツ（アンティークゴールド）…1個
- Ⓔ コットンパール風ビーズ（10mm・ホワイト）…10個
- Ⓕ マンテル（ゴールド）…1セット
- Ⓖ 9ピン（0.7×25mm・ゴールド）…10個
- Ⓗ 丸カン（0.7×5mm・ゴールド）…10個

道具
・基本の道具(P.10) ・丸ヤットコ ・平ヤットコ ・ニッパー ・ピンバイス ・両面テープ ・接着剤

✦ コーティングパーツを作る →

ボタンには裏側に両面テープでマスキングテープを貼る（P.45）。

1 パーツとして使う写真を形にそって切る。

✦ 空枠の底を作る →

2 英字新聞の写真を空枠にあわせて切る。裏側にマスキングテープを貼り、空枠の裏側から柄が表に見えるように接着剤で貼る。

✦ コーティングする →

3 パーツの表側にうすくUVレジンを流して照射する（2分）。

✦ アクセサリーに仕上げる →

4 空枠にUVレジンを流し、シマウマのパーツを置いて照射する（3分）。裏側にカン付きプレートの台座をつけ(P.27)、9ピンでつないだビーズにつける。

5 4のビーズの両端にマンテルをつなぐ。ボタンのパーツにピンバイスで穴をあけ、丸カンを通して4につける。

ARRANGE

コットンパール風ビーズ（8mm・ブラウン）

コーティングパーツの写真をゾウ、ボタン、帽子にチェンジ。ビーズの色を一部変えて作る。

105

27 リングモールドの クリアリング

▶作り方は P.108

型どりするだけでそのままリングに。好きなパーツを封入したり、石をつけたり、デザインのバリエーションは無限大！

28 リングモールドの marumaruピアス

▶作り方は P.109

「リングモールドのクリアリング」と同じ型を使って作ったピアス。リング型は指輪だけでなく、アイデア次第でいろんなアクセサリーに！

Part 1 タイプ別レジンアクセサリー

29 コーティング。 フレーム。

おめかしキャットのロゼット
▶作り方は P.110

愛猫の写真をコーティングしてロゼットに。蝶ネクタイをつけたり、帽子をかぶせたりして好きなファッションに仕上げて。

27 リングモールドのクリアリング

型どり。

材料

- レジンパーツ
  - ⓐUVレジン…太陽の雫 ハードタイプ[パジコ]
    着色料…宝石の雫(ブラック)
    封入パーツ…穴なしパール(ベージュ)、ラインストーン連爪(ブラック)
- アクセサリーパーツ
  - ⓑジュエルモールドミニ専用石座C(ゴールド)…1個※

※カンをニッパーで切って使う。

道具

- 基本の道具(P.10)
- ソフトモールド(リング)[パジコ]
- ジュエルモールド ミニ(ジュエリーカットヘキサゴン)[パジコ]
- 接着剤

✦ 型に流す・封入する

1 型(リング)にうすくUVレジンを流し、傾けて全体に広げる。連爪を入れ、UVライトを照射する(2分)。

2 UVレジンを流してビーズを並べ、UVライトを照射する(2分)。

3 UVレジンをすりきりまで流し、UVライトを照射する(2分)。

✦ アクセサリーに仕上げる

4 型(ジュエリーカット)にブラックの着色レジンを流し、UVライトを照射する(4分)。UVレジンは2回にわけて流し、そのつどかためる。

5 4に石座をつける(P.26)。3に接着剤で仮どめする。乾いたらUVレジンを少しつけて照射する(4分)。

ARRANGE

封入パーツを変えていろいろなリングにアレンジ。

● 封入パーツ 毛糸(ブラック、パープル)

コットンパール風ビーズ(8mm・ホワイト)

● 封入パーツ ホログラム(ゴールド)、ラメ(パール)

● 封入パーツ ドライフラワー

Part 1 タイプ別レジンアクセサリー

28 リングモールドのmarumaruピアス

型どり / フレーム

材料

- レジンパーツ
  Ⓐ UVレジン…太陽の雫ハードタイプ［パジコ］
  着色料…宝石の雫（イエロー、ブラウン、ブラック）
  封入パーツ…ラメ（ゴールド、ホワイト）、ホログラム（ゴールド）、ブリオン（ゴールド）

- アクセサリーパーツ
  Ⓑ ピアス金具（ゴールド）…1セット
  Ⓒ パイプビーズ（3cm・ゴールド）…2個
  Ⓓ ビーズ（10mm・ブラック）…2個
  Ⓔ ヒートン（4mm・ゴールド）…2個
  Ⓕ Tピン（0.7×60mm・ゴールド）…2個
  Ⓖ 丸カン（0.7×5mm・ゴールド）…2個

道具

- 基本の道具（P.10）
- ソフトモールド（リング）［パジコ］
- 丸ヤットコ
- 平ヤットコ
- ニッパー
- ピンバイス

◆ 着色レジンを用意する →　　◆ 型に流す →　　◆ 型からはずす・底を作る →

1 イエロー、ブラウン、ブラックの着色料で着色レジンを作る。イエローにはラメ（ゴールド、ホワイト）とホログラム（ゴールド）を混ぜる。

2 型にイエローとブラウンの着色レジンをバランスよく流して境界線をなじませる。UVライトを照射する（3分）。

3 型からはずし、空枠として使う。作業用シートの上にのせ、ブラックの着色レジンをうすく流し、底を作る。UVライトを照射する（4分）。

◆ 封入する →　　◆ アクセサリーに仕上げる →

4 無着色レジンをすりきりまで流し、ホログラム（ゴールド）、ラメ（ホワイト）を入れる。UVライトを照射する（4分）。

5 4の下側にヒートンをつける（P.26）。裏側にピアス金具の台座をつける（P.27）。ビーズにTピンを通し、レジンパーツと丸カンでつなぐ。

ヒートン

ARRANGE

丸カン（0.7×5mm・ゴールド）
9ピン（0.6×25mm・ゴールド）
三角の空枠（ゴールド）
ビーズ（12mm・レッド）
●封入パーツ 穴なしパールビーズ（2mm・ホワイト）
コットンパール風ビーズ（8mm・ホワイト）

ソフトモールドでリング形のレジンパーツを作ったら、アクセサリーパーツとつないでアレンジ。

109

29 おめかしキャットのロゼット

コーティング　フレーム

材料

- レジンパーツ
  - ⒶUVレジン…太陽の雫 ハードタイプ[パジコ]
  - コーティングパーツ…写真用紙にプリントした猫、リボンの写真
  - フレーム…円の空枠(アンティークゴールド)
  - 背景用パーツ…写真用紙、マスキングテープ
  - 封入パーツ…ホログラム(星・シルバー)、王冠のメタルパーツ(ゴールド)、星のメタルパーツ(ゴールド)
- アクセサリーパーツ
  - Ⓑ回転ピン(ゴールド)…1個
  - Ⓒリボン(44cm、16cm・レッドとネイビーのストライプ)…各1本
  - Ⓓレザー(直径4cm)…1個

道具　・基本の道具(P.10)　・接着剤　・針　・糸　・両面テープ

◆ 背景用パーツ、コーティングパーツを作る →

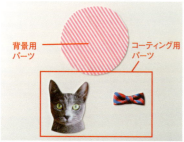

1 コーティング用パーツは写真を形にそって切る。背景用パーツは写真を空枠に合わせて切り、両面テープでマスキングテープを貼る。

◆ 空枠の背景を作る →

2 1の背景用パーツを空枠の底に接着剤でつけ、乾かす。

◆ コーティングする →

写真が反ってこないように途中でクリアファイルにはさみ、平らにする(P.45)。

3 1のコーティングパーツの表側にうすくUVレジンを流し、UVライトを照射する(2分)。

◆ 空枠の底を作る →

4 2の空枠にUVレジンをうすく流し、UVライトを照射する(2分)。

◆ 封入する →

5 UVレジンを流して3の猫パーツ、星のメタルパーツ、ホログラムを置き、UVライトを照射する(2分)UVレジンを流し、リボンの写真、王冠のメタルパーツをのせ、照射する(2分)。

◆ アクセサリーに仕上げる →

6 レザーに切り込みを入れ、回転ピンの土台を通し、接着剤でとめる。

Part 1 タイプ別レジンアクセサリー

7 リボン（ロゼット部分）をひだになるように折る。ひだ3つを1セットで縫いとめていく。

余ったリボンは切る。

8 輪になったところで裏返し、最後のひだを最初のひだの下に入れて縫いとめる。

9 リボン（垂れる部分）の先を斜めに切り、中央で2つに折る。

10 8の裏側に9を縫いつける。

11 10の表側に5、裏側に6を接着剤でつける。

ARRANGE

背景用パーツ、コーティングパーツ、リボンの色を変えてアレンジ。

111

30 フレーム

ネオンカラーの
キャンディネックレス&ブレスレット

▶作り方は P.114

キャンディをモチーフにしたカラフルなネックレス&ブローチ。大ぶり&ネオンカラーでインパクト大!

31 フレーム 型どり

朝露の森の妖精ブローチ

▶作り方は P.115

妖精が舞い降りそうな森の朝をイメージ。封入パーツに蓄光粒を使って暗闇でほのかに光る仕掛け。

Part 1 タイプ別レジンアクセサリー

32
型どりアレンジ コーティング

きのこのレースネックレス＆ブレスレット

▶作り方は P.116

立体的なきのこのレジンパーツが主役のメルヘンチックなアクセサリー。ブレスレットはレース部分もUVレジンでコーティングして強度をアップ。

30 ネオンカラーのキャンディネックレス

フレーム

材料

●レジンパーツ
- ⒶUVレジン…UV-LEDレジン 星の雫ハード[パジコ]
- 着色料…宝石の雫(ネオングリーン、ネオンオレンジ、ネオンピンク、ネオンイエロー)[パジコ]
- フレーム…二等辺三角形の空枠(ゴールド)
- 封入(接着)パーツ…シュガーパウダー(ホワイト、ピンク)

●アクセサリーパーツ
- ⒷネックレスチェーN(50cm・ゴールド)…1本
- Ⓒ樹脂パール(12mm・ホワイト)…5個
- ⒹTピン(0.7×20mm・ゴールド)…5個
- Ⓔマンテル(ゴールド)…1セット
- Ⓕ丸カン(0.6×8mm・ゴールド)…10個
- Ⓖ丸カン(1.0×10mm・ゴールド)…1個

道具
- 基本の道具(P.10)
- 丸ヤットコ
- 平ヤットコ
- ニッパー
- 接着剤

◆ 着色レジンを用意する →

1 ネオンカラー(グリーン、オレンジ、ピンク、イエロー)の着色料で着色レジンを4色作る。

◆ 空枠に流す →

2 空枠を作業用シートの上に置き、ピンクの着色レジンを流し、照射する(2分)。

◆ 表面を整える

3 作業用シートからはがし、裏側にうすく同色の着色レジンを流す。
2、**3**を繰り返し、4色分のレジンパーツを作る。

◆ シュガーパウダーをつける →

4 パールにTピンをさし、接着剤で固定する。表面に筆で無着色レジンを塗る。シュガーパウダーの入った容器に入れて転がし、照射する(2分)。ホワイトを3個、ピンクを2個作る。

◆ アクセサリーに仕上げる

5 チェーンの先にマンテルを丸カンでつなぐ。**4**のTピンを丸め(P.25)、チェーンに丸カンでつなぐ。

ネオンカラーのキャンディブレスレット

ブレスレット金具(18cm・ゴールド)
ヒートン(4mm・ゴールド)
パールビーズ(4mm)

ネックレスをブレスレットにアレンジ。レジンパーツは球体のシリコーン型で型どりし、上部に穴をあけてヒートンをつける。樹脂パールは**4**のときにパールビーズをつけて作る。

Part 1 タイプ別レジンアクセサリー

31 朝露の森の妖精ブローチ

フレーム／型どり

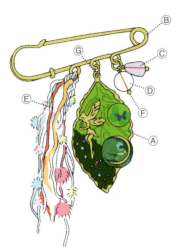

材料

● レジンパーツ
- ⒶUVレジン…太陽の雫 ハードタイプ［パジコ］
- 着色料…宝石の雫（イエローグリーン）［パジコ］
- フレーム…葉っぱの空枠（ゴールド）
- 封入パーツ…ラメ（ブルー）、ガラス粒（エメラルドグリーン）、モス（グリーン）、蓄光粒（コバルトカラー）、デザインシート（チョウチョウ）、月のメタルパーツ、妖精のメタルパーツ

● アクセサリーパーツ
- ⒷカブトピンЗカン（ゴールド）…1個
- Ⓒ雫形天然石（フローライト）…1個
- Ⓓコットンパール（8mm・ピンク）…1個
- Ⓔ糸ミックス（15cm・ピンク、ホワイト、水色）…適量
- Ⓕデザインピン 丸（20mm・ゴールド）…2個
- Ⓖ丸カン（0.8×5mm・ゴールド）…2個

道具
- 基本の道具（P.10）
- ソフトモールド（半球）［パジコ］
- 丸ヤットコ
- 平ヤットコ
- ニッパー

✦ 底を作る・着色レジンを流す

気泡予防のため、調色スティックを使って外側に向かって広げる。

1 空枠に無着色レジンをうすく流してUVライトを照射し（2分）、底を作る（P.54）。

2 イエローグリーンの着色料で着色レジンを作り、フレームに流す。無着色レジンを少し流し、マーブル模様にする（P.16）。UVライトを照射する（2分）。

✦ 型に流す・封入する

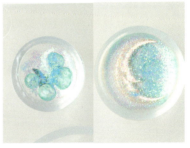

3 型2個に無着色レジンを7分目まで流す。封入パーツを入れて照射する（3分）。1個はデザインシートとラメ、もう1個は月のメタルパーツ、ガラスの粒、ラメを入れる。

4 無着色レジンをすりきりまで流し、UVライトを照射する（3分）。型からはずす。

✦ 接着する

5 2の右端に4を、2の下側にモスを無着色レジンでつけて照射する（3分）。モスをおおうように無着色レジンをつけ、妖精のメタルパーツと蓄光粒をつけて照射する（3分）。

✦ アクセサリーに仕上げる

6 カブトピンに5とそのほかのアクセサリーパーツを丸カンでつなぐ。色違いは着色料を宝石の雫（レッド）に変えて作る。

115

32 きのこのレースネックレス

型どりアレンジ／コーティング

材料

●レジンパーツ
- Ⓐ UVレジン…UV-LEDレジン 星の雫ハード[パジコ]
  着色料…宝石の雫（レッド、オレンジ、ホワイト、ブラウン）[パジコ]
  封入パーツ…ホログラム（ホワイト）

●アクセサリーパーツ
- Ⓑ レースひも（70cm・ホワイト、ベージュ）…各1本
- Ⓒ ヒートン（ゴールド）…1個
- Ⓓ バチカン（ゴールド）…1個
- Ⓔ 透かしパーツ（ゴールド）…2個
- Ⓕ モス（グリーン）…適量
- Ⓖ バンビのメタルパーツ（ゴールド）…1個
- Ⓗ うさぎのメタルパーツ（ゴールド）…1個
- Ⓘ リボン（1cm幅×10cm・グリーン）…1本
- Ⓙ カシメ（ゴールド）…2個
- Ⓚ サークルパーツ（ゴールド）…1個
- Ⓛ ヒキワ（ゴールド）…1個
- Ⓜ Cカン（0.8×3.5×5mm・ゴールド）…2個
- Ⓝ 丸カン（0.8×5mm・ゴールド）…4個
- Ⓞ モチーフレース（40×40mm・ホワイト）…1個

道具
- 基本の道具（P.10）
- ピンバイス
- 型（使い捨てコンタクトレンズの空き容器）
- 平ヤットコ
- 丸ヤットコ
- ニッパー

◆ きのこのかさを作る

1 型にうすくUVレジンを流し、傾けて広げる。ホログラム入れ、きのこのドット柄を作る。UVライトを照射する（2分）。

ホロがずれてこないようにすぐにUVライトを照射する。

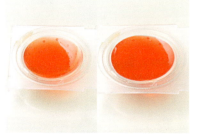

2 レッドとオレンジの着色料を混ぜて着色レジンを作る。型の半分くらいまで流し、UVライトを照射する（2分）。これを2回繰り返す。

3 ホワイトとブラウンの着色料を混ぜて着色レジンを作る。**2**の上にうすく流し、UVライトを照射する（3分）。

◆ きのこの軸を作る

4 シリコーンマットの上に**3**で作った着色レジンを調色スティックで細長くのばす。UVライトを照射する（2分）。

1回にのせる量は2滴ほど。内側に向かってすぼむように重ねていく。

5 **4**を3〜4回繰り返し、厚みを出す。

6 シリコーンマットからはずす。裏返し、**4**、**5**と同様にして同色の着色レジンを塗り重ねていく。

116

Part 1 タイプ別レジンアクセサリー

◆ かさに軸をつける

UVライトは最初の1分ほどは手で押さえながら照射し、固定する。

7 3にホワイトとブラウンの着色料を混ぜた着色レジンをうすく流し、中心に6を立てるようにつける。UVライトを照射する（3分）。

8 軸、かさの裏面に3で作った着色レジンをうすく流す。UVライトを照射する（2分）。型からはずす。

◆ アクセサリーに仕上げる

9 8のきのこのかさの中心にピンバイスで穴をあける。

10 ヒートンをつける（P.26）。

11 透かしパーツの隙間に無着色レジンを流し、UVライトを照射する（2分）。さらに無着色レジンを流し、モス、メタルパーツの順にのせ、照射する（2分）。

12 10のヒートンにバチカンをつけ、レースひもを通す。11の透かしパーツとレースひもを丸カンでつなぐ。

きのこのレースブレスレット

- ヒモ留め（ゴールド）
- マグネットクラスプ（ゴールド）
- レース（9mm幅×16cm・ホワイト）
- レザー（14.5cm）
- ビーズ（5mm・レッド）
- 丸カン（0.8×5mm・ゴールド）
- Tピン（0.7×20mm・ゴールド）
- ビーズ（5mm・グリーン）

きのこのモチーフを使ってブレスレットにアレンジ。

〈レースの硬化のしかた〉

レースはコート材（P.51）を下地に塗って乾かしてから、UVレジン（太陽の雫 ソフトタイプ）でコーティングする。レースの隙間を埋めるようにUVレジンを調色スティックでつけ、余分な液はシリコーンマットの上などに置き、よくきってから裏表の2回照射する（各3〜4分）。

117

33 フレーム

風景写真のピアス&ブローチ

▶作り方は P.120

空や花など風景写真を透明フィルムにプリント。
ビビッドカラーがアクセントとして効いた、さわ
やかな印象のセットアクセサリー。

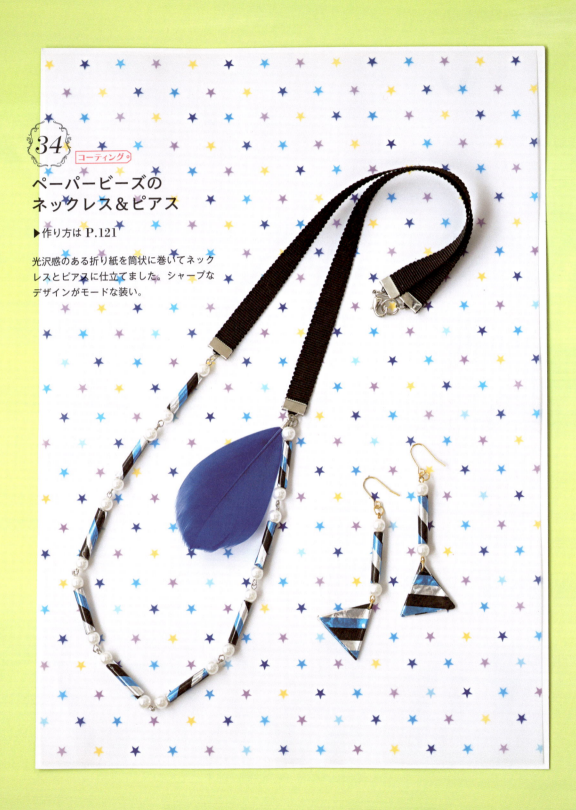

34 コーティング。
ペーパービーズの
ネックレス&ピアス
▶作り方は P.121

光沢感のある折り紙を筒状に巻いてネックレスとピアスに仕立てました。シャープなデザインがモードな装い。

Part 1 タイプ別レジンアクセサリー

33 風景写真のピアス

フレーム

材料
- レジンパーツ
  - Ⓐ UVレジン…太陽の雫 ハードタイプ[パジコ]
    フレーム…スクエアの空枠(ゴールド)
    封入パーツ…OHPフィルムにプリントした風景写真
- アクセサリーパーツ
  - Ⓑ ピアス金具(ゴールド)…1セット
  - Ⓒ コットンパール風ビーズ(10mm・ホワイト)…2個
  - Ⓓ 9ピン(0.7×5mm)…2個
  - Ⓔ 丸カン(0.7×5mm)…6個

道具
- 基本の道具(P.10)
- 丸ヤットコ
- 平ヤットコ
- ニッパー
- ピンバイス
- 接着剤

✦ 空枠の底を作る

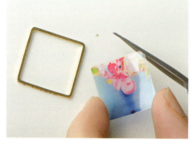

1 OHPフィルムの四すみを少しだけはさみで切り落とす。

カドを四すみ少しだけ切ることで、空枠の内側との接着面が増え、はずれにくくなる。

2 空枠の底に1を接着剤でつける。裏側からうすくUVレジンを流してUVライトを照射する(3分)。

✦ 表面を整える

UVレジンは空枠にもかかるようにつける。でないとシートがぬけてしまうので注意。

3 表側も2と同様にする。

✦ アクセサリーに仕上げる

4 上部にピンバイスで穴をあける。

5 穴に丸カンを通し、9ピンを通したパール、ピアス金具と丸カンでつなぐ。

風景写真のブローチ

- カブトピン 3カン (4cm・ゴールド)
- 丸カン (0.7×5mm)
- チェーン (9mm・ゴールド)
- カン付きカメラのメタルチャーム (アンティークゴールド)

レジンパーツをメタルチャームと一緒につないでブローチにアレンジ。封入パーツにラメ(ゴールド、グリーン)をプラスする。

Part 1 タイプ別レジンアクセサリー

34 ペーパービーズのネックレス

コーティング

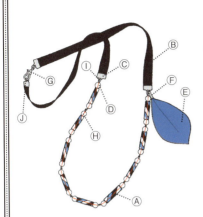

材料

● レジンパーツ
Ⓐ UVレジン…太陽の雫 ハードタイプ
[パジコ]
コーティングパーツ…折り紙（15×15
cmを9個・シルバーとブルーのストライプ）

道具

・基本の道具(P.10)
・丸ヤットコ
・平ヤットコ
・ニッパー
・竹串
・クラフトのり

● アクセサリーパーツ
Ⓑ グログランリボン（1cm幅×20cm・ブラック）…2本
Ⓒ ヒモ留め（シルバー）…4個
Ⓓ パールビーズ（6mm・ホワイト）…18個
Ⓔ 羽根（ブルー）…1個
Ⓕ カシメ（シルバー）…1個
Ⓖ ナスカン（シルバー）…1個
Ⓗ 9ピン（0.7×45mm）…9本
Ⓘ 丸カン（0.7×5mm・シルバー）…5個
Ⓙ 丸カン（0.7×8mm・シルバー）…1個

✦ コーティングパーツを作る

1 竹串を使って折り紙をカドから巻いていく。

2 端まで巻き終えたらのりでとめる。竹串を抜き、長さ2cmに切る。これを9個作る。

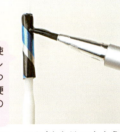

3 調色スティック（またはつまようじ）に2をさし、表面に筆でうすくUVレジンを塗る。UVライトを照射する（3分）。

つまようじを使う場合、UVレジンがつくとつまようじごと硬化してしまうので注意。

✦ アクセサリーに仕上げる

4 3の両端にビーズがくるように9ピンを通し、すべてつなぐ。

9ピン

5 リボンの両端にヒモ留めを、その先にナスカンを丸カンでつけ、4と丸カンでつなぐ。羽根にカシメをつけ、丸カンでつなぐ。

ペーパービーズのピアス

〈パーツの折り方〉　ピアス金具（ゴールド）

ピアスにアレンジ。幅2.5×15cmの長方形を端から三角に折って作り、ピンバイスで穴をあけて丸カンでつなぐ。

丸カン（0.8×5mm）

121

英字新聞のブローチ&リング

▶作り方は P.124

おしゃれな英字新聞を四角に折ってUVレジンでコーティング。ビンテージ感のあるチェーンをあしらい、存在感のあるデザインに。

Part 1 タイプ別レジンアクセサリー

36 コーティング

シャンデリアパーツのネックレス

▶作り方は P.125

シャンデリアパーツにデザインシートをのせてコーティング。大ぶりながらもレディな雰囲気のネックレスは絵柄で個性を出して。

35 英字新聞のブローチ

コーティング。

材料

● レジンパーツ
- Ⓐ UVレジン…UV-LEDレジン 星の雫ハード[パジコ]
- コーティングパーツ…英字新聞のパーツ（大）4×4cmを4枚、（小）2×2cmを8枚、（土台）3×10cmを1枚
- 封入（接着）パーツ…ストーンパーツ（ブルー、ホワイト）

● アクセサリーパーツ
- Ⓑ メタルリングブローチ（ゴールド）…1個
- Ⓒ チェーン（11.5cm、19cm・ブラック）…各1本
- Ⓓ Cカン（0.5×2×3mm・ブラック）…2個

道具
- 基本の道具(P.10)
- 丸ヤットコ
- 平ヤットコ
- ニッパー
- ピンバイス
- 接着剤

◆ コーティングする

1 正方形に切った英字新聞のパーツを写真のように四角形に折る。UVレジンを筆で塗り、UVライトを照射する（2分）。これを（大）、（小）計12枚作る。

2 土台は端から正方形になるように折る。UVレジンを筆で塗り、UVライトを照射する（2分）。

3 2の上に1をバランスを見ながら接着剤で貼り、乾かす。

◆ 接着する

4 表側に筆でUVレジンを塗り、UVライトを照射する（2分）。裏側も同様にする。表側にUVレジンをつけたストーンを置き、照射する（2分）。

◆ アクセサリーに仕上げる

5 裏側にメタルリングブローチの台座をつける（P.27）。4にピンバイスで穴をあけ、チェーンをCカンでつなぐ。

英字新聞のリング

コーティングパーツのサイズ、ストーンの色を変えてリングにアレンジ。

Part 1 タイプ別レジンアクセサリー

36 シャンデリアパーツのネックレス

コーティング

材料

● レジンパーツ
　ⓐUVレジン…UV-LEDレジン 星の雫ハード
　　［パジコ］
　　コーティングパーツ…シャンデリアパーツ
　　（クリア）、クラフト用デザインフィルム

● アクセサリーパーツ
　ⓑネックレスチェーン（78cm・ゴールド）…1本
　ⓒシャンデリアパーツ用金具（17mm・ゴールド）
　　…1個

道具

・基本の道具（P.10）
・丸ヤットコ
・平ヤットコ
・両面テープ

✦ コーティングする

1 シャンデリアパーツの平らな面を上にし、両面テープで固定する。UVレジンをうすく流す。

2 デザインフィルムの絵柄を下にした状態で、手前にくるデザインから順（花、ねこの順）に置く。UVライトを照射する（1分）。

✦ 表面を整える

3 UVレジンを流し、調色スティックでうすく広げる。UVライトを照射する（1分）。

✦ アクセサリーに仕上げる

4 シャンデリアパーツ用金具を広げ、3の上部の穴に通す。

5 チェーンを4のシャンデリア金具に通して閉じる。

ARRANGE

デザインフィルムの絵柄をチェンジ。

125

37 フレーム

レトロポップネックレス &イヤリング

▶作り方は P.127

レトロな柄のラッピングペーパーを封入。オレンジやグリーンなど極彩色のレジンパーツとつなげて60年代ポップのテイストに。

Part 1 タイプ別レジンアクセサリー

37 レトロポップネックレス

フレーム

材料

- レジンパーツ
  - ⒶUVレジン…UV-LEDレジン 星の雫ハード［パジコ］
  - 着色料…宝石の雫（ホワイト、ブルー、オレンジ、グリーン、レッド）
  - フレーム…ヒキモノリング（30㎜、25㎜、15㎜・ゴールド）
  - 封入パーツ…お好みのラッピングペーパー
- アクセサリーパーツ
  - Ⓑネックレスチェーン（19㎝・ゴールド）…1本
  - Ⓒ丸カン（0.6×3㎜・ゴールド）…2個
  - Ⓓ丸カン（0.8×5㎜・ゴールド）…6個

道具
・基本の道具(P.10) ・丸ヤットコ ・平ヤットコ ・ニッパー ・ピンバイス

◆ 着色レジンを用意する →

1 ホワイト以外の着色料にホワイトを混ぜ、マットカラーを4色作る。ヒキモノリング（25㎜、15㎜）を作業用シートの上に置き、着色レジンを流し、UVライトを照射する（2分）。

◆ フレームを固定する →

2 リングの上までおおうように無着色レジンを表面全体にうすく流し、UVライトを照射する（1分）。裏側も同様にする。これを4色分作る。

◆ 封入する

紙はジェルメディウムでコーティングして乾かしたものを使う。

3 2と同様にヒキモノリング（30㎜）を作業用シートに置き、無着色レジンをうすく流す。ラッピングペーパーを置き、UVライトを照射する（2分）。

◆ 表面を整える →

4 無着色レジンを表面がぷっくりするまで流し、UVライトを照射する（2分）。3、4と同様に裏側も行う。両端にピンバイスで穴をあける。

◆ アクセサリーに仕上げる

5 2にピンバイスで穴をあけ、4を中心に配置して丸カンでつなぐ。ネックレスのチェーンを切り、レジンパーツと丸カンでつなぐ。

レトロポップイヤリング

イアリングにアレンジ。上のパーツはソフトモールド（ジュエル）［パジコ］を使い、ラッピングペーパーを封入して作る。

127

38 セッティング。

真夜中のテディベアバレッタ

▶作り方は P.129

バレッタ金具にゴスロリ感たっぷりのメタルパーツをデコレーション。何層にも重なった宇宙のような輝きは唯一無二の存在感。

39 フレーム。

木製フレーム風
シャビーブローチ&ネックレス

▶作り方は P.131

シャビーシックなフレームにチェーンや丸カン、9ピンの端切れを閉じこめて。素材の色味をグレイッシュにまとめ、洗練された雰囲気に。

Part 1 タイプ別レジンアクセサリー

38 真夜中のテディベアバレッタ

セッティング

材料

- **レジンパーツ**
  Ⓐ UVレジン…太陽の雫 ハードタイプ[パジコ]
  着色料…宝石の雫(ピンク、パープル、シアン)、ピカエース(ブラック)、カラーリングパウダー(レッド)[アンジュ]にピカエース(エフェクトフレークピンク)を混ぜたもの
  封入パーツ…ラメ(パール)、丸のホログラム(オーロラ)、エフェクトパウダー(オーロラピンク)、シェルフレーク(ミントグリーン、パープル)、ブリオン(シルバー)、ネイル用メタルパーツ(クモ)、メタルパーツ(テディベア、コウモリ、クモの巣、十字架、羽、ハートの鍵、アスタリスク・シルバー、アンティークシルバー)、時計の歯車、スワロフスキー(#1028クリスタルAB、#1028Ltシャム、#8115ボルドー14mm、#6428クリスタルAB8mm)
  セッティング…バレッタ金具(シルバー)

- **道具** ・基本の道具(P.10)

✦ 着色レジンを用意する → ✦ セッティングに流す → ✦ 着色する

1 4色作る。ピンクは着色料(ピンク、パープル)、ブルーは(シアン、パープル)を混ぜたもの。すべてにエフェクトパウダーを混ぜる。

2 ブラックの着色レジンをバレッタ金具に流し、ふちまで広げる。UVライトを照射する(3分)。

3 カラーリングパウダー(ブラック)をじかづけし(P.17)、中央にエフェクトパウダーを重ねる。

✦ 封入する

バレッタ金具が少しそっているので、パーツをおおうようにUVレジンをつけて固定する。

4 ブラックの着色レジンを流し、ふちまで広げる。UVライトを照射する(3分)。2～4を2～3回繰り返す。

5 バレッタの中央にマゼンダ、両端にブルーの着色レジンをうすく流す。UVライトを照射する(3分)。

6 メタルパーツ(鍵、羽以外)、スワロフスキーの配置を決め、パーツの上や横に少量のレジンを調色スティックでつける。UVライトを照射する(3分)。

7 レッドの着色レジンで十字架のメタルパーツに色をつける。ピンクの着色レジンでテディベアのメタルパーツのリボンに色をつける。

8 鍵のメタルパーツの頭にスワロフスキー（♯1028Ltシャム）をUVレジンでつける。UVライトを照射する（3分）。

下側中心に多めに入れるとバランスがいい。

9 バレッタ全体にうすく無着色レジンを流す。ブリオン（シルバー）とシェルフレーク（ミントグリーン、パープル）を入れる。

10 ラメ入りの無着色レジンを全体に流し、ラメ（パール）を入れる。UVライトを照射する（3分）。

11 羽根のメタルパーツを置き、UVレジンを流し、UVライトを照射する（3分）。

バレッタ金具と羽との隙間に調色スティックで少量のレジンを流す。2〜3回に分けて照射するとよい。

◆ 表面を整える

12 ラメ入りの無着色レジンを流し、UVライトを照射したら（2分）、ホログラム、クモのネイルパーツ用メタルパーツを置く。

13 無着色レジンを表面がぷっくりするくらいまで流す。UVライトを照射する（3分）。

39 木製フレーム風シャビーブローチ

フレーム。

材料

● レジンパーツ
Ⓐ UVレジン…太陽の雫 ハードタイプ［パジコ］
フレーム…アンティークコラージュフレーム
（ホワイト）［アンジュ］
封入パーツ…チェーン、丸カン、9ピンなど
の端切れ

● アクセサリーパーツ
Ⓑ ハットピン 丸皿（シルバー）…1個
Ⓒ フリンジ風チェーン（3㎝・5㎝・11㎝・シルバー、
アンティークゴールド）…各2本
Ⓓ 丸カン（0.7×5㎜・シルバー）…2個

道具

・基本の道具（P.10）
・丸ヤットコ
・平ヤットコ

◆ フレームの底を作る

1 フレームにうすくUVレジンを流し、照射する（2分）。

◆ 封入する

2 さらにUVレジンをうすく流し、封入パーツをバランスよく配置する。UVライトを照射する（3分）。

◆ アクセサリーに仕上げる

3 2の裏側にハットピンの台座をつける（P.27）。

4 3とチェーンを丸カンでつなぐ。

木製フレーム風シャビーネックレス

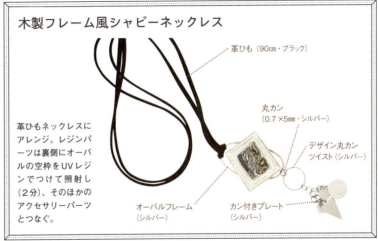

革ひもネックレスにアレンジ。レジンパーツは裏側にオーバルの空枠をUVレジンでつけて照射し（2分）、そのほかのアクセサリーパーツとつなぐ。

革ひも（90㎝・ブラック）
丸カン（0.7×5㎜・シルバー）
デザイン丸カンツイスト（シルバー）
オーバルフレーム（シルバー）
カン付きプレート（シルバー）

40 型どり・セッティング

鉱石風ペンダント＆ヘアクリップ

▶作り方は P.133

型どりしたレジンパーツを細かくちぎってミール皿に封入。幻想的な鉱石のような輝きを放ち、大ぶりながら上品な装い。

Part 1 タイプ別レジンアクセサリー

40 鉱石風ペンダント

材料

● レジンパーツ
　ⒶUVレジン…太陽の雫 グミータイプ、ハードタイプ[パジコ]
　着色料…宝石の雫（ブルー、パープル）
　封入パーツ…ラメ（ブルー、パープル、グリーン、パール）[パジコ]、ホログラム（ホワイト）
　セッティング…オーバルのミール皿（ゴールド）

● アクセサリーパーツ
　Ⓑネックレスチェーン（90cm・ゴールド）…1本
　ⒸCカン（0.45×3.5×1mm・ゴールド）…1個

道具

・基本の道具（P.10）
・シリコーン型（正方形）
・丸ヤットコ
・平ヤットコ
・目打ち

✦ **着色レジンを用意する** →

1 ブルー、パープルの着色料で着色レジン（グミータイプ）を作る。ホワイトはホログラム、グリーンはラメを混ぜたもの。

✦ **型に流す・細かくちぎる** →

2 着色レジンをそれぞれ型に流し、UVライトを照射する（3分）。型からはずし、手で細かくちぎる。

✦ **封入する** →

3 ミール皿に無着色レジン（ハードタイプ）を流す。2 を置き、照射する（2分）。表面に筆で無着色レジン（ハードタイプ）を塗り、2 を置き、照射する（2分）。

✦ **表面を整える** →

4 表面にうすく無着色レジン（ハードタイプ）を塗り、UVライトを照射する（2分）。

✦ **アクセサリーに仕上げる**

5 チェーンを平ペンチで切り、目打ちで両端を広げる。4 を通してCカンで再び輪にする（P.26）。

鉱石風ヘアクリップ

ジュエルモールドで型どりしたレジンパーツ
ヘアクリップ金具（シルバー）

ヘアクリップにアレンジ。鉱石風のレジンパーツのほか、同系色の着色レジン（ハードタイプ）をジュエルモールド ミニ（ジュエリーカット ヘキサゴン）[パジコ]で型どりしてプラスする。

41 コーティング。
スパンコールの ビッグキーホルダー

▶作り方は P.136

カラフルなスパンコールやボタン、金属片を無造作に置いたらレジンをかけてかためるだけ！ 簡単なのに存在感は抜群です。

42 コーティング。
プラバンアートリング
▶作り方は P.137

プラバンに好きな柄を描いてUVレジンでコーティング。UVレジンを塗ることで光沢感が出て、高級感がアップします。

41 スパンコールのビッグキーホルダー

コーティング。

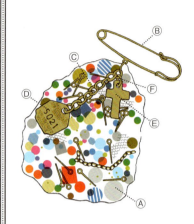

材料

● レジンパーツ
- ⒶUVレジン…太陽の雫 ハードタイプ[パジコ]
- 封入パーツ…スパンコール、ホログラム、ブリオン、端切れ（チェーン、丸カン、9ピン）、チュール　※すべて色はお好みで。

● アクセサリーパーツ
- Ⓑ中巻カブトピン（アンティークゴールド）…1個
- Ⓒ太チェーン（4.5cm・アンティークゴールド）…1本
- Ⓓナンバーのメタルチャーム（アンティークゴールド）…1個
- Ⓔ十字架のメタルチャーム（アンティークゴールド）…1個
- Ⓕ丸カン（1×8mm・アンティークゴールド）…3個

道具
- 基本の道具（P.10）
- 丸ヤットコ
- 平ヤットコ
- ピンバイス

◆ 封入パーツを配置する → ◆ 封入する

1 封入パーツを作業台の上にランダムに配置する。

大きいので長めに照射する。

2 UVレジンを封入パーツすべてにかかるように流し、UVライトを照射する（5分）。

3 さらに全体にUVレジンを流し、UVライトを照射する。封入パーツがUVレジンに埋もれるくらいまで2〜3回繰り返す。

◆ アクセサリーに仕上げる

4 裏返し、うすくUVレジンを流してUVライトを照射する（5分）。

5 上部にピンバイスで穴をあける。

丸カン

6 **5**とブローチ金具を丸カンでつなぐ。そのほかのアクセサリーパーツとブローチ金具を丸カンでつなぐ。

Part 1 タイプ別レジンアクセサリー

42 プラバンアートリング

コーティング

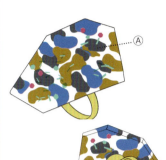

材料

- レジンパーツ
  Ⓐ UVレジン…太陽の雫ハードタイプ[パジコ]
  封入パーツ…プラバン、ホログラム（ゴールド、ピンク、グリーン）
- アクセサリーパーツ
  Ⓑ リング台丸皿付き（アンティークゴールド）…1個

道具

- 基本の道具(P.10)
- オーブントースター
- アクリル絵の具
- 接着剤

◆ コーティングパーツ作る → ◆ コーティングする → ◆ 表面を整える →
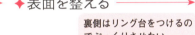

1 プラバンを好きな形に切り、オーブントースターで焼く。焼き時間はプラバンの取扱説明書に従う。焼いたあと冷ましたら、裏側にアクリル絵の具で好きな模様を描く。

2 表側にUVレジンをうすく流し、ホログラムを入れる。UVライトを照射する（2分）。これを2回繰り返す。

裏側はリング台をつけるのでぷっくりさせない。

3 UVレジンを表面がぷっくりするくらいまで流して、UVライトを照射する（2分）。裏側はUVレジンをうすく平らに流し、照射する（2分）。

◆ アクセサリーに仕上げる

4 リング台の丸皿を**3**の裏側につける(P.27)。

ARRANGE

プラバンの切り方、絵柄を変えてアレンジ。

137

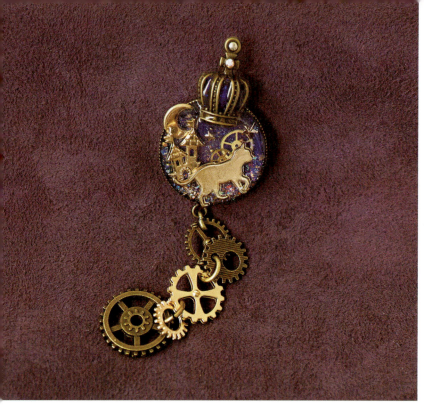

43 セッティング

月夜の散歩ねこブローチ
▶作り方は P.139

ブローチピンに月夜の散歩をイメージしたメタルパーツを封入。何層にも重ねて流したUVレジンが幻想的な世界を作ります。

44 セッティング

宝石の惑星ピアス
▶作り方は P.141

惑星形のミール皿にぷっくりとUVレジンを流したピアス。星のメタルチャームとつないでギャラクシー感アップ。

Part 1 タイプ別レジンアクセサリー

43 月夜の散歩ねこブローチ

材料

●レジンパーツ
Ⓐ UVレジン…太陽の雫 ハードタイプ[パジコ]
着色料…宝石の雫(ピンク、パープル、シアン、イエロー)、ピカエース(ブラック、エフェクトフレークピンク、エフェクトフレークブルー)、カラーリングパウダー(ブルー)
封入パーツ…ラメ(パール)、エフェクトパウダー(オーロラピンク、オーロラグリーン)、シェルフレーク(ミントグリーン、パープル)、京都オパール(瑠璃色、唐紅花)、ブリオン(ゴールド)、ネイル用メタルパーツ(星・ゴールド)、メタルパーツ(王冠、猫、城、月・ゴールド)、時計の歯車(ゴールド)、スワロフスキー(#1028クリスタルABサイズPP17)
セッティング…ラウンドのミール皿(アンティークゴールド)にタイタック(シルバー)を接着剤でつけたもの

●アクセサリーパーツ
Ⓑ歯車のメタルパーツ(アンティークゴールド、ゴールド)…5個
Ⓒ甲丸Cカン(1.2×3.7×5.5mm・アンティークゴールド)…1個
Ⓓ丸カン(1.2×8mm・アンティークゴールド)…2個

道具
・基本の道具(P.10)　・平ヤットコ
・丸ヤットコ

◆ 着色レジンを用意する →

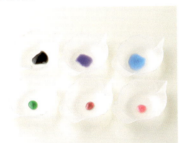

1 6色作る。グリーンはシアン、イエローを混ぜたもの。濃いピンクはピンク、パープルを混ぜたもの。

◆ 着色する →

2 ミール皿の底にうすく無着色レジンを流し、UVライトを照射する(2分)。ミール皿の底にカラーパウダーとエフェクトパウダーをじかづけする(P.17)。

◆ ミール皿に流す →

3 ミール皿のふちにブラックの着色レジンを流す。

4 ミール皿の中央にはランダムにブラック以外の着色レジンを流し、調色スティックでなじませ、UVライトを照射する(3分)。

◆ 王冠のメタルパーツに流す

5 王冠のメタルパーツの隙間をうめるようにマスキングテープを貼る。隙間にパープルの着色レジンを調色スティックを使って流し、UVライトを照射する(2分)。

6 マスキングテープをはがし、裏側も5と同様にする。さらにエフェクトパウダーをつけ、パープルの着色レジンをうすく流し、UVライトを照射する(3分)。

139

✦ 封入する

最初の数十秒だけ手で押さえ、固定されたら離して照射する。

7 **6**の裏側にUVレジンをつけ、**4**の上部にのせる。指で押さえたままUVライトを照射する（4分）。

8 メタルパーツ（月、城）にUVレジンをつけ、**6**のミール皿の左側に置く。UVライトを照射する（2分）。UVレジンはメタルパーツの隙間をうめる感じで、調色スティックでつける。

9 **8**と同様に、時計の歯車にUVレジンをつけ、UVライトを照射する（2分）。

10 全体にうすく無着色レジンを流す。下部にエフェクトフレーク、京都オパール、ブリオンを入れ、UVライトを照射する（2分）。

11 全体にラメ入りの無着色レジンを流す、メタルパーツ（星、ねこ）を置き、UVライトを照射する（3分）。

12 ラメ入りの無着色レジンをすりきりまで流し、UVライトを照射する（2分）。

✦ 表面を整える　　✦ アクセサリーに仕上げる

13 無着色レジンをぷっくりするくらいまで流し、UVライトを照射する（4分）。

14 裏返し、タイタックの台座をおおうようにUVレジンを流し、UVライトを照射する（P.27）。

15 **14**とアクセサリーパーツをカン類でつなぐ。

Part 1 タイプ別レジンアクセサリー

44 宝石の惑星ピアス

セッティング

材料

● レジンパーツ
- Ⓐ UVレジン…太陽の雫 ハードタイプ [パジコ]
- 着色料…宝石の雫（ピンク、パープル）、ピカエース（エフェクトフレークピンク）、カラーリングパウダー（レッド）
- 封入パーツ…ラメ（パール）、ホログラム（丸・オーロラ）、エフェクトパウダー（オーロラピンク）、シェルフレーク（ミントグリーン、パープル）、ブリオン（ゴールド）、ネイル用メタルパーツ（チョウチョウ）、セッティング…惑星のミール皿（アンティークゴールド）

● アクセサリーパーツ
- Ⓑ ピアス金具（ゴールド）…1セット
- Ⓒ カン付き星のメタルパーツ（ゴールド）…2個
- Ⓓ スクエアリング（ゴールド）…2個
- Ⓔ チェーン（1.5cm、2cm・ゴールド）…各2本
- Ⓕ Cカン（0.6×3×4mm・ゴールド）…6個
- Ⓖ Cカン（0.7×3.5×4.5mm・ゴールド）…4個

道具
- 基本の道具（P.10）
- 丸ヤットコ
- 平ヤットコ

◆ 着色レジンを用意する →

1 4色作る。ワインレッドはピンク、パープル、レッドを混ぜる。

◆ 裏側を着色する →

2 ミール皿の裏面にうすく無着色レジンを流し、UVライトを照射する（2分）。エフェクトパウダーをじかづけ（P.17）する。

3 1の着色レジンを中から外に向かってグラデーションになるようにうすく塗り、UVライトを照射する（3分）。

底の金属がすけないくらいまで。

4 2、3を2〜3回繰り返す。

◆ 封入する →

5 うすく無着色レジンを流す。ラメ、ホログラムをのせ、UVライトを照射する（2分）。

◆ 表面を整える →

6 無着色レジンをぷっくりするくらいまで流し、UVライトを照射する（3分）。

141

◆ 表側を着色する

外側に濃い色をのせてから中心にうすい色を流すと、濃い色がふちに追いやられる(P.34)。

7 表側も裏側と同様に、2、3を繰り返して着色する。中から外に向かって濃くなるようなグラデーションの色をつける。

◆ 封入する

8 無着色レジンをうすく流し、シェルフレーク、ブリオンを入れる。UVライトを照射する(2分)。

9 無着色レジンをうすく流し、ラメ、ホログラムを入れる。UVライトを照射する(2分)。

10 無着色レジンをうすく流し、チョウチョウを入れる。UVライトを照射する(2分)。

◆ 表面を整える

11 無着色レジンを表面がぷっくりするくらいまで流す。UVライトを照射する(4分)。

◆ アクセサリーに仕上げる

12 11とそのほかのアクセサリー金具をCカンでつなぐ。

ARRANGE

着色レジン、封入パーツを変えてアレンジ。着色レジンは着色料の(マゼンタ)を(シアン)に変える。封入パーツはチョウチョウをクモに変えて作る。

142

Part 2

スペシャル
レジンテクニック

もっとUVレジンを自由に使って
楽しみたいという人におすすめの、
スペシャルテクニック集！
「アートレジン」「オリジナル型」
「レジンデコ」の3つを紹介します。

special 1

アートレジン

ノズルがほかのUVレジンよりも細い、アンジュの「カラーアートレジン」。ペンのような感覚で文字や繊細な模様が描けて、そのままレジンパーツとして使えます。

45

筆記体ネックレス&ピアス

▶作り方は P.146

描きたい英文字を紙にプリントしたら、上からなぞって作ります。イニシャルやお気に入りの単語をそのままアクセサリーに。

Part 2 スペシャルレジンテクニック アートレジン

ジュエリーバックルの
ブレスレット&ターバン

▶作り方は P.147

ヘアターバンのバックル部分をカラーアートレジンで制作！ パーツの形は四角や丸など自由に変えられます。

45 筆記体ネックレス

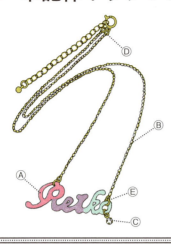

材料

- レジンパーツ
  - ⒶUVレジン…3Dカラーアートレジン（オフホワイト）[アンジュ]
  - 封入（接着）パーツ…ラメ（ピンク、パープル、グリーン）
- アクセサリーパーツ
  - Ⓑチェーン（38cm・ゴールド）…1本
  - Ⓒカン付きストーン（2mm・クリア）…1個
  - ⒹCカン（0.45×3.5×3mm・ゴールド）…2個
  - Ⓔ丸カン（0.6×3.5mm・ゴールド）…3個

道具

- 基本の道具（P.10）
  ※UV-LEDスマートライトミニを使用。
- 丸ヤットコ
- 平ヤットコ
- 好きなフォントをプリントした紙

◆UVレジンで描く

1. 筆記体のフォントをプリントした紙の上にクリアファイルを置く。

2. 3Dカラーアートレジンで描きたい文字をなぞる。

◆封入する

3. ラメをふりかける。

※UVライトでも硬化するが、繊細な形の場合、ハンディタイプのUV-LEDライトを使用すると便利。

4. 余分なラメを落とし、UV-LEDライトを照射する（2分）。

◆アクセサリーに仕上げる

5. チェーンを中央で切り、4とカン付きストーンを丸カンでつなぐ。

筆記体ピアス

- 丸カン（0.6×3mm・ゴールド）
- ピアス金具（ゴールド）
- 丸カン（0.6×5mm・ゴールド）
- カン付きストーン（2mm・クリア）
- チェーン（2cm・ゴールド）
- 丸カン（0.6×3.5mm・ゴールド）
- 丸カン（0.6×3mm・ゴールド）

ピアスにアレンジ。レジンパーツは筆記体に音符マークをプラス。

46 ジュエリーバックルのブレスレット

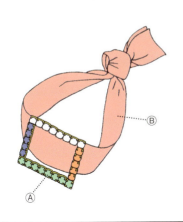

材料
- レジンパーツ
  ⒶUVレジン…3Dカラーアートレジン(オフホワイト)[アンジュ]
  封入(接着)パーツ…ラインストーン連爪
  (ピンク、グリーン、パープル、ホワイト)
- アクセサリーパーツ
  Ⓑヘアリボンゴム(2×20cm・ピンク)…1本

道具
- 基本の道具(P.10)
  ※UV-LEDスマートライトミニを使用。

Part 2 スペシャルレジンテクニック アートレジン

✦ 封入パーツを配置する →

1 連爪を裏側にして作業シートの上に四角く配置する。

✦ 3Dカラーアートレジンを流す →

2 チェーンの上に3Dカラーアートレジンを流す。

✦ 硬化する →

3 UV-LEDライトを照射する(2分)。

4 表に返してパーツ中央に3Dカラーアートレジンをのばす。UV-LEDライトを照射する(2分)。

✦ アクセサリーに仕上げる

5 4をヘアリボンゴムに通し、輪になるように結ぶ。

ジュエリーバックルのターバン

封入(接着)パーツをメタルパーツ、ストーン、ビーズに変えて、ヘアターバンにアレンジ。ヘアリボンゴムの色も変えて。

special 2

オリジナル型

クリアシリコーン型取り材を使えば、貝や鉱石といった原型からオリジナルの型が作れます。市販の型でもの足りなくなったらトライ！

47
クリアシェルのイヤーカフ

▶作り方は P.150

小さな貝殻で型どりしたレジンパーツが主役。色はあえてつけずにラメやラインストーンを入れて、レディな装いに。

Part 2 スペシャルレジンテクニック オリジナル型

48
蜂の巣ネックレス＆ブローチ
▶作り方は P.151

市販の蜂の巣テクスチャーシートから型どりした、蜂の巣模様のレジンパーツ。ふちはややいびつなほうがよりリアルな仕上がりに。

49
ミネルバのペガサスバッグチャーム
▶作り方は P.152

鉱石を使って型どりしたオリジナル型のバッグチャーム。ペガサスのフィギュアをそえて、森を思わせる神秘的な作品に。

47 クリアシェルのイヤーカフ

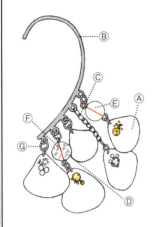

材料

● レジンパーツ
　ⒶUVレジン…太陽の雫 ハードタイプ[パジコ]
　　着色レジン…宝石の雫（ホワイト）
　　封入（接着）パーツ…ラメ（グリーン、ピンク）、ブリオン（ゴールド、シルバー）、穴なしパールビーズ（ホワイト）、ラインストーン（イエロー）、ラインストーン（クリア）

● アクセサリーパーツ
　Ⓑイヤーフック金具 5連（シルバー）…1個
　Ⓒチェーン（15mm・シルバー）…1本
　Ⓓビーズ（7mm・クリア）…1個
　Ⓔコットンパール風ビーズ（8mm・ホワイト）…1個
　Ⓕ9ピン（0.7×25mm・シルバー）…2個
　Ⓖ丸カン（0.7×5mm・シルバー）…11個

道具

- 基本の道具（P.10）
- クリアシリコーン型取り材[パジコ]
- シリコーン用型取りボックス[パジコ]※
- プラスチックコップ（または紙コップ）
- デジタル秤
- 原型（貝がら）
- 両面テープ
- 丸ヤットコ
- 平ヤットコ
- ニッパー
- ピンバイス

※ 別売り。プラスチック製の空容器でも可。

◆オリジナルの型を作る → ◆封入し、アクセサリーに仕上げる →

1 貝がらを原型にオリジナル型を作る。ラメを入れた無着色レジンとホワイトの着色料で作った着色レジンでレジンパーツを作る。

2 ラメ入りのレジンパーツはすべて内側に無着色レジンを流す。封入パーツを入れ、UVライトを照射する（3分）。上部にピンバイスで穴をあけ、丸カンを通す。

3 着色レジンで作ったレジンパーツも2と同様に、丸カンを通す。ビーズに9ピンを通し、2と丸カンでつなぐ。イヤーフック金具、チェーンと丸カンでつなぐ。

オリジナル型の作り方について

型材はパジコの「クリアシリコーン型取り材」を使用。容器は別売りの紙製容器（シリコーン用型取りボックス）か市販のプラスチック製の容器を使い、以下のように作ります。

1 主材Aと硬化材Bを1：1の重量比になるように計量する。

2 主材Aと硬化材Bを付属のかくはん棒でよく混ぜる。

3 容器の中に原型（この場合貝がら）を、底を両面テープで固定して入れる。2を流しこむ。

4 原型よりも5mm以上厚めに流したら、平らな場所で24時間以上放置する。

5 かたまったら容器をはさみなどで切り、型から原型を取り出す。

Part 2 スペシャルレジンテクニック オリジナル型

48 蜂の巣ネックレス

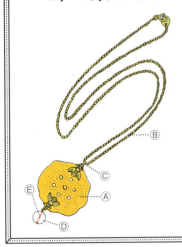

材料

- レジンパーツ
  - ⒶUVレジン…太陽の雫 ハードタイプ [パジコ]
    着色料…タミヤカラー (クリヤーイエローX-24)
    封入(接着)パーツ…カン付き蜂のメタルパーツ(ゴールド)、カボション(オーロラ、イエロー)
- アクセサリーパーツ
  - Ⓑチェーン(60cm・ゴールド)…1本
  - Ⓒバチカン(ゴールド)…1個
  - Ⓓコットンパール(10mm・ホワイト)…1個
  - ⒺTピン(0.5×15mm・ゴールド)…1個

道具

- 基本の道具 (P.10)
- クリアシリコーン型取り材 [パジコ]
- 円形ビーズケースのふた
- プラスチックコップ(または紙コップ)
- デジタル秤
- 原型(市販の蜂の巣のテクスチャーシート)
- 丸ヤットコ
- 平ヤットコ
- ニッパー

◆オリジナルの型を作る → ◆着色レジンを用意する → ◆型に流す

1 市販のテクスチャーシートを原型にオリジナル型を作る(P.150)。

2 イエローの着色料で着色レジンを作る。

3 着色レジンを1のすりきりまで流す。UVライトを照射する(4分)。

◆型からはずし、UVレジンを流す → ◆封入し、アクセサリーに仕上げる

  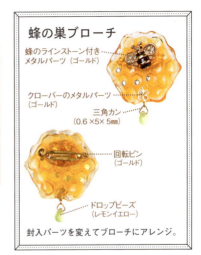

4 型からはずし、ふちに無着色レジンをまわしかける。UVライトを照射する(2〜3分)。好みの大きさになるまでこれを2〜3回繰り返す。

レジンパーツのほうを回しながらノズルから直接UVレジンをかける。液が手にかからないように注意。

5 4の表面にUVレジンを流す。メタルパーツとカボションを置き、照射する(2分)。メタルパーツにバチカンを通し、チェーン、パールとつなぐ。

蜂の巣ブローチ

- 蜂のラインストーン付きメタルパーツ (ゴールド)
- クローバーのメタルパーツ (ゴールド)
- 三角カン (0.6×5×5mm)
- 回転ピン (ゴールド)
- ドロップビーズ (レモンイエロー)

封入パーツを変えてブローチにアレンジ。

151

49 ミネルバのペガサスバッグチャーム

材料

●レジンパーツ
Ⓐ UVレジン…太陽の雫 ハードタイプ[パジコ]
着色料…宝石の雫(ピンク、シアン)[パジコ]
封入パーツ…ラメ(ピンク)、ホログラム(ピンク)、モス(グリーン、ホワイト)、ペガサスのフィギュア、デザインシート(チョウチョ)、ネイルシール(星座)、ガラス粒(エメラルドグリーン)、ストーン(ホワイト、ブルー)
セッティング…懐中時計のミール皿(直径4cm・ゴールド)

●アクセサリーパーツ
Ⓑ バッグチャームチェーン(13cm・ゴールド)…1個
Ⓒ エアパールビーズ(8mm・ピンク)…1個
Ⓓ 羽根(グレー)…1個
Ⓔ カシメ(ゴールド)…1個
Ⓕ 9ピン(3×30mm・ゴールド)…1個
Ⓖ 丸カン(0.8×5mm・ゴールド)…3個

道具

- 基本の道具(P.10)
- クリアシリコーン型取り材[パジコ]
- シリコーン用型取りボックス[パジコ]※
- プラスチックコップ(または紙コップ)
- デジタル秤
- 原型(鉱石)
- 油粘土
- 丸ヤットコ
- 平ヤットコ

※ 別売り。プラスチック製の空容器でも可。

◆オリジナルの型を作る

鉱石と粘土に隙間ができないように整える。

1 容器の底に油粘土を入れ、型をとりたい部分が出るように鉱石を押しこむ。

2 クリアシリコーン型取りの主材Aと硬化材Bが1:1の重量比になるように計量する。

3 主材Aと硬化材Bを付属のかくはん棒でよく混ぜる。

4 1に3を流し入れる。鉱石よりも5mm以上厚めに流す。平らな場所で24時間以上自然硬化させる。

5 容器からはずす。

◆着色レジンを用意する

6 シアン、ピンクの着色料でブルーとピンクの着色レジンを作る。

152

Part 2 スペシャルレジンテクニック オリジナル型

◆ 型に流す

7 無着色レジンを **5** の型の6分目くらいまで流し、封入物（デザインシート、ネイルシール、ラメ、ホログラム、ガラス粒、ホワイトのモス）を入れる。UVライトを照射する（3〜4分）。

8 ブルー、ピンクの順に着色レジンを流す。

9 無着色レジンを2色の間に流し入れ、2色の着色レジンと調色スティックでなじませる。UVライトを照射する（3〜4分）。

10 無着色レジンを型からぷっくりするくらいまで流し、UVライトを照射する（3〜4分）。

◆ 型からはずす

11 型を折り曲げるように反らし、レジンパーツをはずす。

◆ 封入する

シリコーン製のフィギュアは硬化した後はずれやすいので、脚を深くレジンの中につける。

12 ミール皿に無着色レジンを3分目くらいまで流し、**11** とストーン（ホワイト、ブルー）、フィギュアを置き、UVライトを照射する（3〜4分）。

13 無着色レジンを隙間に流し、ラメ、ホログラムを入れ、UVライトを照射する（3〜4分）。

14 ふちに無着色レジンをつけ、モスをのせて照射する（4分）。さらに無着色レジンを流してモスをコーティングし、照射する（4分）。

◆ アクセサリーに仕上げる

15 **14** にバッグチャームチェーンを通す。羽根にカシメを、ビーズに9ピンを通し、丸カンでつなぐ。

special 3
レジンデコ

市販のアクセサリーやパーツをUVレジンで接着したり、着色したりしてデコ＆リメイク。手軽に雰囲気が変えられる裏技レジンテク。

50
花の妖精ネックレス＆ピアス
▶作り方は P.156

花のメタルパーツの色を変えるイメージでピンクの着色レジンを流してリメイク。淡い色味で乙女感をひとさじプラス。

51
パールケーキのアンティークリング
▶作り方は P.157

大粒のコットンパールをケーキスポンジに、赤の着色レジンをジャムに見立ててデコレーション。ミニチュアのお皿にのせて仕上げます。

Part 2 スペシャルレジンテクニック レジンデコ

べっ甲の宝石ヘアピン＆ヘアクリップ

▶作り方は P.158

市販のヘアアクセサリーに宝石形に型どりしたレジンパーツをデコ。デザイン性の高い個性的なアイテムに変身！

50 花の妖精ネックレス

材料

- レジンパーツ
  - Ⓐ UVレジン…UV-LEDレジン 星の雫ハード[パジコ]
  - 着色料…宝石の雫(ピンク・ホワイト)[パジコ]
  - リメイクパーツ…花のメタルパーツ(ゴールド)
- アクセサリーパーツ
  - Ⓑ ネックレスチェーン(40cm・ゴールド)…1本
  - Ⓒ 妖精のメタルパーツ(ゴールド)…1個
  - Ⓓ 丸カン(0.6×3mm・ゴールド)…1個

道具

- 基本の道具(P.10)
- 丸ヤットコ
- 平ヤットコ

◆ 着色レジンを用意する → メタルパーツにレジンを塗る →

1 ピンクとホワイトの着色料を混ぜて、マットピンクの着色レジンを作る。

2 調色スティックに着色レジンを少量とり、花びらに塗る。

3 UVライトを照射する(3分)。

マットカラーなので、少量の着色レジンでも長めに照射する。

◆ アクセサリーに仕上げる

4 3をネックレスチェーンに通す。妖精のメタルパーツとチェーンを丸カンでつなぐ。

花の妖精ピアス

ピアス金具(ゴールド)
パールビーズ(3mm・ホワイト)
9ピン(0.5×12mm・ゴールド)
カン付き小花のメタルパーツ(ゴールド)

同じ手法でリメイクした小花のメタルパーツをピアスにアレンジ。

Part 2 スペシャルレジンテクニック レジンデコ

51 パールケーキのアンティークリング

材料

● レジンパーツ
Ⓐ UVレジン…太陽の雫 ハードタイプ［パジコ］
着色料…タミヤカラー（クリヤーレッドX-27）［タミヤ］
デコパーツ…コットンパール（10mm・ホワイト）、ミニチュアドールハウス用の陶器の皿
封入（接着）パーツ…ホイップ形のシリコンモールド（ホワイト）、ブリオン（ゴールド）、スイーツデコ用フルーツ棒（イチゴ）、カン付きフォークのメタルパーツ（ゴールド）

● アクセサリーパーツ
Ⓑ リング台丸皿付き（ゴールド）…1個
Ⓒ イチゴのメタルパーツ（ゴールド）…1個
Ⓓ 丸カン（0.5×3mm・ゴールド）…1個

道具

・基本の道具（P.10）
・丸ヤットコ
・平ヤットコ

◆ デコパーツ、着色レジンを用意する → ◆ デコレーションする

1 陶器の皿の裏側にリング台の丸皿を接着剤でつける。レッドの着色料で着色レジンを作る。

2 着色レジンを **1** の皿の中心に丸く流す。上にパールを置き、UVライトを照射する（2分）。

3 **2** のパールの側面にスイーツデコ用フルーツ棒をうすく切ったものに無着色レジンをつけ、貼っていく。UVライトを照射する（2分）。

4 皿の上にパールを囲むように着色レジンを垂らす。ブリオンとフォークのメタルパーツをつける。UVライトを照射する（2分）。

着色レジンはソースのようにてんてんと垂らすとおしゃれ。

5 パールの上に着色レジンを流し、ホイップを置く。UVライトを照射する（2分）。ホイップの中央に1滴着色レジンをつけ、照射する（1分）。

◆ アクセサリーに仕上げる

6 イチゴのメタルパーツと **5** のフォークのメタルパーツを丸カンでつなぐ。

157

52 べっ甲の宝石ヘアピン

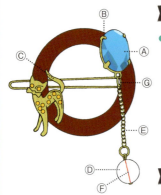

材料

●レジンパーツ
- ⒶUVレジン…太陽の雫 ハードタイプ[パジコ]
- 着色料…宝石の雫（シアン、ホワイト）[パジコ]
- リメイクパーツ…市販の丸いフレームのヘアピン（べっ甲）

●アクセサリーパーツ
- Ⓑカン付き石座（18×13mm・ゴールド）…1個
- Ⓒネコのメタルパーツ（ゴールド）…1個
- Ⓓコットンパール風ビーズ（10mm・ホワイト）…1個
- Ⓔチェーン（2.5cm・ゴールド）…1本
- ⒻTピン（0.7×25mm・ゴールド）…1個
- Ⓖ丸カン（0.7×5mm・ゴールド）…2個

道具
- 基本の道具(P.10) ・ソフトモールド（ダイヤカット）[パジコ]
- 丸ヤットコ ・平ヤットコ

◆着色レジンを用意する → ◆型に流す →

1 シアンとホワイトの着色料を混ぜて、マットな水色の着色レジンを作る。

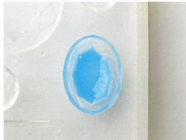

2 型の3分目くらいまで着色レジンを流して照射する（3分）。

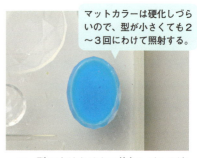

マットカラーは硬化しづらいので、型が小さくても2〜3回にわけて照射する。

3 型のすりきりまで着色レジンを流し、UVライトを照射する（3分）。

◆アクセサリーに仕上げる →

4 3を型からはずし、石座をつける（P.26）。

5 ヘアピンに4とメタルパーツを接着剤でつける。石座のカンにTピンを通したパール、チェーンを丸カンでつなぐ。

べっ甲の宝石ヘアクリップ

- チェーンの端切れ（ゴールド）
- 市販の三角ヘアクリップ（べっ甲）
- 石座（20×20mm・ゴールド）

ヘアクリップにアレンジ。レジンパーツはソフトモールド（ダイヤカット）[パジコ]の四角い型に、宝石の雫（レッド、ホワイト、ブラック）で作った3色の着色レジンを流して作る。

作家プロフィール

KU: 村井麻紀子

「KU:」デザイナー。大人でも着けられる、甘すぎずユニークなスイーツアクセサリーを目指して制作を始める。UVレジンアクセサリーでは、蜂蜜やいちごのケーキなど、スイーツライクなテイストが人気。
https://www.creema.jp/c/kuu

- ネックレス…48
- ブローチ…48
- リング…51

KyurriA-キュリア-

「★めるへんROCKER★」デザイナー。「作品1つ1つに、それぞれの世界・物語をギュッと閉じこめる」をコンセプトに、メルヘン・スチームパンク・和の雰囲気を感じられる1点物デザインのアクセサリーを制作、販売中。
http://marchen-rocker.jp/

- ピアス・イヤリング…44
- ヘアアクセサリー…38
- チャーム・ブローチ…P.47「時計クジラの懐中時計キーホルダー」、23、43

くらげ雑貨店 高松幸子

「くらげ雑貨店」代表。ハンドメイド素材のみにとらわれず、さまざまな素材や道具を使ったアイテムを展開。「ハンドメイドでわくわくする毎日」をテーマに、初心者でも楽しめる出張ワークショップを開催している。
http://kuragezakka.com/

- ピアス・イヤリング…P.38「リボンコーティングピアス」、P.38「ハートシールピアス」、P.38「押し花のカラフルピアス」、16、18、37、45
- ネックレス…16、30、36、37、40、45
- ヘアアクセサリー…40、46
- ブレスレット…30、46
- リング…35
- チャーム・ブローチ…P.39「ビスケットのバッグチャーム」、35

happy resin

レジン作家。おうちアトリエショップレジン雑貨専門店「happy resin」を運営し、材料・作品販売、レジン基礎講座などを実施。本物のお花やアンティーク小物を使用した作品をはじめ、時計や照明など大型レジン雑貨も制作中。
http://happyresin.jp/

- ピアス・イヤリング…P.14「赤黒ツートンのハートピアス」、P.15「BOXピアス&ネックレス」、P.31「たっぷりラメ&ホロピアス」、P.31「ダイヤカットの大粒ピアス」、P.31「揺れる羽根のピアス」、P.31「アンティークフラワーのリング」、P.46「ピアノチャームのドット柄ピアス」、17、24、57
- ネックレス…P.21「BOXネックレス」、P.21「スワンのアンティークネックレス」、P.30「1粒ジュエルのネックレス」、P.52「トナカイフレームのネックレス」、24、32、57　● リング…24
- ブレスレット…P.30「マーブルジュエルのブレスレット」、P.46「デザインフィルムのブレスレット」、32
- ヘアアクセサリー…P.17「星空のヘアピン」　● チャーム・ブローチ…P.38「ドライフラワーの立体ブローチ」、P.52「スペードフレームのキーホルダー」、17

みちくさアートラボ

ハンドメイドワークショップ「みちくさアートラボ」オーナー。毎月40回ほどのワークショップを開催する。UVレジンのほか、素材にデコパージュやプラバン、布や紙類を組み合わせ、オリジナリティを活かせる手法を提供。
http://michikusaartlab.com/

- ピアス・イヤリング…P.14「三角マーブルのイヤリング」、P.39「アニマルフォトピアス」、09、28、33、34、47
- ネックレス…01、02、03、04、05、10、20、34、39
- ヘアアクセサリー…06、19、59
- ブレスレット…26　● リング…09、27、42
- チャーム・ブローチ…P.16「三角マーブルのハットピン」、P.20「トナカイのキーホルダー」、P.47「背景デコのキッチュブローチ」、29、33、39、41

森のこみち 多田真里子

「森のこみち」デザイナー。森レジン作家・講師。「あのころ迷いこんだ森の物語」をコンセプトに、動物や植物など森のいきものをモチーフとした作品を制作。作品販売のほか、レジン講座「森のこみちアトリエ教室」を開催する。
https://ameblo.jp/yusyura08/

- ピアス・イヤリング…15、21、25
- ネックレス…21
- チャーム・ブローチ…22、31、49

yomoya よもぎ

「yomoya」デザイナー。「日常に少しのスパイスを」がコンセプト。身につけると毎日が少し楽しくなるようなアクセサリーを作りたいと活動中。月や星、宇宙をモチーフとした青を基調としたデザインが魅力。
http://minne.com/@yomoya

- ピアス・イヤリング…07、14
- ネックレス…12
- ヘアアクセサリー…08
- チャーム・ブローチ…11、13

159

STAFF

撮影	横田裕美子（STUDIO BANBAN）
スタイリング	ダンノマリコ
ヘアメイク	RICO
モデル	栢まり子（HOLIDAY）
カバーデザイン	横地綾子（フレーズ）
本文デザイン	SPAIS（宇江喜桜　小早谷幸　山口真里）
イラスト	さいとうあずみ
校正	みね工房
編集協力	株式会社ロビタ社
撮影協力	VALON Lanp

VALON Lanp
TEL：03-5790-9998
http：//ameblo.jp/yukigara/
instagram@yukigara

株式会社アンジュ
TEL：03-5337-5791
http://www.ange-pro.co.jp/

株式会社パジコ
TEL：03-6804-5171
http://www.padico.co.jp/

はじめてでもかんたん、かわいい！
UVレジンアクセサリー事典140

編　者	Tink create ［ティンク　クリエイト］
発行者	若松和紀
発行所	株式会社 西東社

〒113-0034　東京都文京区湯島2-3-13
http://www.seitosha.co.jp/
営業　03-5800-3120
編集　03-5800-3121〔お問い合わせ用〕
※本書に記載のない内容のご質問や著者等の連絡先につきましては、お答えできかねます。

落丁・乱丁本は、小社「営業」宛にご送付ください。送料小社負担にてお取り替えいたします。
本書の内容の一部あるいは全部を無断で複製（コピー・データファイル化すること）、転載（ウェブサイト・ブロ
グ等の電子メディアも含む）することは、法律で認められた場合を除き、著作者及び出版社の権利を侵害するこ
とになります。代行業者等の第三者に依頼して本書を電子データ化することも認められておりません。

ISBN 978-4-7916-2655-7